FOLI

collectic

Bruno
Maître de
à l'Univers
la Sorbonr.

André Malraux

La condition humaine

par Alain Meyer

Alain Meyer

présente

La condition

humaine

d'André Malraux

Gallimard

Alain Meyer est maître de conférences de littérature française à l'Université de Paris X. Il a consacré des travaux à l'histoire des intellectuels en
France au xxe siècle et à l'imaginaire de la ville
dans la littérature.

Le dossier iconographique a été réalisé par Nicole
Bonnetain.

© *Éditions Gallimard, 1991.*

ÉDITIONS ET ABRÉVIATIONS UTILISÉES

POUR LES ŒUVRES DE MALRAUX REPRISES EN « FOLIO » :

CH *La Condition humaine*
E   *L'Espoir*
    Antimémoires
    La Corde et les Souris

POUR LES AUTRES ŒUVRES DE MALRAUX CITÉES :

Textes repris dans La Pléiade, tome I
Écrit pour une idole à trompe
TO *La Tentation de l'Occident*
    Les Conquérants
    La Voie royale
    Le Temps du mépris

AUTRES ŒUVRES :

D'une jeunesse européenne, in *Écrits*, Grasset, 1927
NA *Les Noyers de l'Altenburg*, Gallimard, 1948
    Les Voix du silence, Gallimard, 1951
    Les Chênes qu'on abat, Gallimard, 1971
    L'Intemporel, Gallimard, 1976
    Le Surnaturel, Gallimard, 1977
HPL *L'Homme précaire et la littérature*, Gallimard, 1977

Articles de Malraux repris dans *L'Esprit de la NRF*, Gallimard, 1990 :
L'Imposture par Georges Bernanos, NRF, mars 1928
Pont-Égaré par Pierre Véry, NRF, octobre 1929
Les Traqués par Michel Matveev, NRF, juin 1934
Journal d'un homme de quarante ans par Jean Guéhenno, NRF, janvier 1935

Préface de Malraux à Georges Bernanos, *Journal d'un curé de campagne*, Plon, 1974
Préface de Malraux à Andrée Viollis, *Indochine S.O.S.*, Gallimard, 1935

« Le taxi n'allait pas plus loin. »
Shanghai 1927. Conflit en Chine. Barrière de fils de fer barbelés autour des concessions internationales. Ph. L'Illustration/Sygma.

Berlin, symphonie d'une grande ville. Film de Ruttmann, 1927. Ph. Cinémathèque française.

I

LA CONDITION HUMAINE REVISITÉE

UNE ŒUVRE EN MÉTAMORPHOSE

1. Malraux in Guy Suarès, *Malraux celui qui vient*, p. 37.

« Une œuvre, à plus forte raison une vie, subit une métamorphose. Je sais ce qu'était *La Condition humaine* quand le livre a été publié. Il est certain que vous l'avez lu autrement[1]. » A Guy Suarès qui l'interroge en juin 1973, quarante ans après la parution de la *La Condition humaine*, André Malraux vient de répondre que sa pensée et son action « échappent forcément » à l'auteur. Il se rend compte, avec le recul et cette distance que lui apporte l'âge, que son roman n'est plus perçu de la même manière qu'à sa parution. L'écho qu'il rencontre n'est plus identique à l'ébranlement initial. « Vous n'avez ni le même passé, ni le même avenir, puisque l'avenir des prédécesseurs est votre présent. Mais, ajoute Malraux, le temps n'épuise pas la métamorphose. »

Puisque l'auteur de *La Condition humaine* le constate lui-même avec une sereine lucidité, il nous est tout à fait loisible de proposer de l'œuvre des interprétations auxquelles, en 1933, Malraux n'aurait pas lui-même pensé. L'histoire, dans son déroulement, a suscité de nouvelles perspectives, le point de vue des lecteurs a changé. Son roman était « en situation ». La situation a évolué, mais la vie de *La Condition humaine* se poursuit. Le décalage entre les intentions conscientes de l'écrivain et les résonances qu'elles éveillent ne peut que s'accroître. Bien loin de rendre le livre caduc, il l'enrichit. Car cet ouvrage, en partie de circonstance, affirme ce qui fait la pierre de touche de sa permanence à travers les métamorphoses : sa présence.

« L'artiste est *de* son temps ; mais il est aussi *dans* son temps, dans la vie qui est la nôtre, et non dans notre mémoire. Sa survie n'est pas sa conservation : c'est la présence, dans la vie, de ce qui devrait appartenir à la mort... Cette présence à la fois insérée dans l'histoire et insoumise au temps[1]. » Aussi convient-il de lire *La Condition humaine* à la fois au passé et au présent. Le texte s'inscrit dans un ① triple contexte : crise générale des valeurs au tournant des années vingt et des années trente quand à l'Absolu se ② substitue l'intensité ; crise de l'art romanesque qui, après s'être donné la griserie souvent heureuse du jeu, de l'aventure et de l'exaltation de l'individu, va vers le sérieux, le témoignage, l'insertion dramatique et tendue dans une époque à travers des romans d'apprentissage politique à sujet collectif ; mutation de Malraux lui-même qui élargit le territoire de ③ sa fiction, multiplie les personnages et l'entrecroisement de leurs points de vue, parle peu à peu à la troisième personne

1. Malraux, *L'Intemporel*, p. 133.

et passe de ce « livre d'adolescent » que fut, selon lui, _Les Conquérants_ à un roman juvénile. Mais, comme l'écrivait Malraux lui-même en postface à une réédition des _Conquérants_, « beaucoup d'eau a passé sous combien de ponts brisés[1] ! ». La révolution chinoise, de militante et souffrante, est devenue en apparence triomphante — mais au prix, là encore, de combien de métamorphoses ! —, plusieurs avatars du communisme se sont succédé à Shanghai et Han-Kéou. Ce « communisme réel », et pas seulement en Chine, a-t-il le moindre rapport avec les espérances de Kyo, de May et de leurs compagnons ? « Que pense de tout cela l'ombre de Borodine qui, aux dernières nouvelles, avant la guerre, sollicitait du Kremlin un logement avec cheminée ? Et l'ombre du suicidé Gallen[2] ? » « Ah ! que d'espoirs trahis, que d'insultes et de morts, pour n'avoir fini que par changer de Bibliothèque rose[3] ! » La prescience des révolutions défigurées et trahies hante certes déjà Kyo. Mais Hemmelrich, devenu monteur dans une usine d'électricité soviétique à l'époque du plan quinquennal, avait-il raison d'affirmer : « C'est la première fois de ma vie que je travaille en sachant pourquoi » (_CH_, p. 330) ? Souen proclamerait-il encore : « Il faut que l'usine, qui n'est encore qu'une espèce d'église des catacombes, devienne ce que fut la cathédrale[4] » ? Nous avons l'amer privilège de connaître la suite des

1. Malraux, _Postface des Conquérants, Œuvres complètes_, t. I, p. 271.

2. _Ibid._

3. _Ibid_, p. 281.

4. En fait, Malraux lui-même s'identifiait-il, à l'époque, pleinement à ces raisons de vivre ?

événements et ce savoir rétrospectif barre quelque peu cet « horizon de l'action » vers lequel les premiers lecteurs de l'épilogue de *La Condition humaine* pouvaient se sentir emportés. *La Condition humaine* perd ainsi une part de ce qui importait le plus aux auteurs des années trente : son pouvoir d'entraînement.

LA FIN DES MAÎTRES À PENSER

De toute manière, Malraux, comme tous les écrivains prestigieux des deux premiers tiers du xxe siècle, a cessé d'être un « maître à penser », à plus forte raison un « maître de vie ». Les jeunes gens de cette époque se référaient à des « contemporains capitaux » qui leur servaient d'initiateurs à la fois à la littérature et au monde, en même temps qu'ils les aidaient à se découvrir eux-mêmes. Barrès, « professeur d'énergie » et « prince de la jeunesse » avant 1914, Gide, maître de lucidité et de ferveur vers 1925, Malraux, Breton, Bernanos entre le milieu des années trente et le début des années soixante, rejoints peu avant la Libération par Sartre et Camus, Drieu la Rochelle pour certains, Aragon, Nizan ou Vailland pour d'autres, tous jouaient le rôle de révélateurs à la vie de la Cité en même temps que de modèles pour la construction de la personnalité. C'est à des écrivains qu'était dévolue la fonction attribuée sous l'Antiquité au dieu Hermès : celui qui guide à travers les labyrinthes extérieurs et intérieurs, qui conduit les pas hésitants de ceux qui cheminent vers la lumière, vers la connaissance du sens de l'univers et de soi-même. Ces relations de disciple à maître pouvaient prendre des formes naïves : certains jeunes gens ont pu choisir, à leur entrée dans la Résistance, pour nom de guerre celui d'un héros de Malraux, tel le philosophe Edgar Morin qui, dans la clandestinité, a choisi de s'appeler Magnin, à l'instar du chef d'escadrille de *L'Espoir*. En tout cas, pour le néophyte, elles constituaient une étape, un passage dans le développement de soi et la prise de conscience. On est loin de ces temps où certains imitaient Malraux jusque dans son apparence physique — mèche rebelle, cigarette nerveuse, regard fébrile et inspiré, et, à partir de la guerre d'Espagne, blouson ou combinaison « mono » d'aviateur. Il n'y a pas lieu d'ironiser sur ces attitudes ferventes, même si elles inspirent un sourire de sympathie. Elles sont représentatives d'une époque où la sortie de l'adolescence passait par le romanesque et menait à la rencontre d'une vision unifiante de la personnalité et du monde. Depuis plus de trente ans, en revanche, les écrits s'essaient dans l'esquisse, le fragment, l'aphorisme. De Cioran à Barthes, l'esthétique dominante est celle de la discontinuité, de l'inachèvement.

L'heure est au soupçon à l'égard des récits cohérents, séduisants pour l'affect parce qu'ils galvanisent les énergies et parce que, dans leur élan, leur déferlement, ils épousent un rythme quasi respiratoire, un mouvement quasi organique, celui d'un souffle qui jamais ne se brise ; séduisants aussi pour la pensée, parce qu'ils semblent rendre compte de tout ce qui existe, la société, l'Histoire, les grandes interrogations métaphysiques. Soupçon qui témoigne d'une prise de distance à l'égard des conceptions du monde qui en constituaient l'arrière-plan. Dans les grandes œuvres des années trente, l'élaboration d'une écriture allait de pair avec celle d'un style de vie et d'un sens de l'existence. Le genre prépondérant à l'époque et que Malraux illustre avec éclat, c'est le roman global qui fait converger l'apprentissage politique et historique, l'expérience existentielle et la méditation métaphysique. Malraux se réalise dans l'élaboration de ce que le philosophe Jean-François Lyotard appelle — pour en souligner aujourd'hui le déclin et la disparition — des « grands récits ».

LE DÉCLIN DES « GRANDS RÉCITS »

Les « grands récits », ce sont les systèmes qui rendent compte, selon une présentation généalogique, de l'origine, du mouvement et de la signification du monde dans son ensemble, ceux qui mettent en évidence une logique, un sens du Devenir. Ils présentent la réalisation des valeurs universelles sous la forme d'odyssées. Hegel, Marx, Nietzsche, et bien d'autres encore, de Darwin à Spengler ou à Berdiaev, tentaient d'insérer les phénomènes particuliers dans une dynamique continue. L'œuvre de Malraux est nourrie de certains de ces « grands récits » ou, du moins, s'y confronte dans un corps à corps souvent conflictuel : Nietzsche, Marx, Spengler. Odyssée pour lui que cette continuelle réaction des hommes contre le Destin qui fait surgir les œuvres d'art dans leurs métamorphoses. Mais ceci surtout pour la réflexion de Malraux depuis *Les Voix du silence.* *La Condition humaine* épouse-t-elle la forme du « grand récit » ? Oui, puisqu'elle convoque les individus et les collectivités, la Nature et l'Histoire, la vie et la mort, à travers la vision d'opium de Gisors dans « une ruée cosmique », « une sauvage harmonie » (*CH*, p. 335, 336). Non, parce que le romancier de 1933 reste, jusqu'au bout, dans une attitude intensément interrogative et sous le signe de la contradiction, parce qu'il se pose des questions pour lesquelles, « agnostique absolu » selon le titre du beau livre de Claude Tannery, il n'y a pas de réponses. Mais ce qui, tout de même, fait question pour beaucoup de lecteurs actuels, c'est, ainsi qu'il l'écrivait en 1933 à Edmund

Wilson, « ce besoin de traduire à travers des personnages un certain ordre de valeurs éthiques[1] ». C'est aussi cette tentative — ou du moins cette tentation — de beaucoup de ses héros de trouver un sens à leur existence, une issue à leur angoisse à travers l'Histoire.

Aussi convient-il, tout d'abord, d'essayer de coïncider un temps avec le projet de Malraux au moment où il conçoit et rédige *La Condition humaine*, de marcher dans ses pas un grand bout de chemin, de partager ses questions et ses contradictions, sans tomber dans le jugement rétrospectif. Son roman emporte une profusion de données concrètes spatiales ou temporelles, proches souvent de celles de la chronique et du reportage, elle risque même à première vue de se perdre dans les détails. Je dirais au lecteur aujourd'hui : soyez sincère, ce roman, à la première, à la deuxième lecture, ne vous a-t-il pas désarçonné, peut-être même découragé par son caractère apparemment touffu qui s'explique en partie par les étapes de la genèse du roman ? N'avez-vous pas tenté d'arrêter la lecture au moins de la première partie, abasourdi, « sonné » par une telle succession de fulgurations qui, aussitôt, retombent dans la nuit, dans ce que Malraux lui-même appelle le « fuligineux » ? Qui pourrait, même très familier du roman, raconter dans leur succession les différents épisodes de *La Condition humaine* ? Il faut un effort

1. Malraux, lettre de 1933 à Edmund Wilson, *The Shores of Light*, Farrar, Strauss and Young, New York, 1952, p. 573.

1. Stevenson, *Essai sur l'art de la fiction*, p. 224.

pour reconstituer le fil de l'histoire. Stevenson écrivait en 1883[1] que la grande nouveauté du roman du XIXe siècle avait été la découverte et l'utilisation du détail. Ces détails, en effet, dans le roman de Malraux, prolifèrent, parfois jusqu'à satiété. Mais, toutes ces données concrètes, de la physionomie et des tics des personnages aux incises et aux apparentes digressions des dialogues en passant par les variations de la lumière et de l'atmosphère et le grouillement des rues moisies et des foules somnambuliques, toute cette rafale de faits en désordre, en génération spontanée, entrecoupée seulement de quelques haltes méditatives ou fantasmagoriques, Malraux les unit dans une sorte de confédération. Une confédération de diversités. Il maintient leurs caractères singuliers et, en même temps, il les rassemble, il les met en perspective, il instaure entre eux tout un jeu d'échos, de résonances, il les organise et même les harmonise. Tout se recoupe et, dans un irrésistible mouvement de propagation, tout va de l'avant.

UN INTERCESSEUR DE LA MODERNITÉ

Les lecteurs de 1933, lorsqu'ils se précipitèrent avidement sur le « nouveau » Malraux encore vierge d'idées reçues, et les adolescents des années quarante et cinquante qui, au détour de pages impatiemment feuilletées, recevaient en pleine

face l'éblouissement d'une écriture disso-
nante, intense et pourtant maîtrisée,
avaient le sentiment de se trouver jetés
en plein maelström de la modernité.
Modernité des images dans leur crépitement : défilés de manifestants sur les
boulevards et les quais de Shanghai,
sirènes des navires, roulements des blin-
dés, saccades d'armes automatiques,
ainsi que dans les bandes d'actualités de
la semaine. Modernité des lieux dans
leur surgissement : tremblement des
réverbères sur l'asphalte mouillé, chahut
de jazz au *Black Cat* et glissement des
limousines sur les allées sablées de son
parc, errances nocturnes de solitaires
dans les labyrinthiques sinuosités de
voies soudain étrangement silencieuses,
ombres massives des « buildings »
modernes et bric-à-brac confus de la
ville chinoise, terrains vagues, entrepôts,
petites boutiques tristes qu'éclaire une
vacillante ampoule agitée, au bout de son
abat-jour, par le vent humide... on était
dans un film de l'époque ; et c'est au
cinéma, en effet, que le roman emprun-
tait une bonne part de la modernité de sa
technique : cadrages disproportionnés,
distordus, éclairages clairs-obscurs avec
un grand halo de lumière pâle sur
l'indistinction primitive comme dans
l'expressionnisme allemand, fondus au
noir et fondus enchaînés des avant-
gardes françaises des années vingt,
ellipses et simultanéisme de certains
films américains, montages-choc, mon-

tages-attractions, montages parallèles du cinéma soviétique, le roman prenait au cinéma son bien. C'est dans l'état second qu'amène le rêve éveillé ou la veille supérieure, que se poursuivait la lecture. De la modernité, l'élégant et fébrile jeune homme à la voix saccadée et aux gestes nerveux était le parangon, le grand intercesseur.

Les lecteurs de la dernière décennie du XXe siècle retrouveront-ils l'exaltation de leurs désormais lointains prédécesseurs ? *La Condition humaine* reste-t-elle tout à fait ce qu'elle fut pour deux générations, le livre des vertiges et des révélations ? Entrer dans une page de ce roman, ce ne peut plus guère être l'évidence d'adhérer à la sensibilité de son temps, l'éblouissement d'entrer dans le « non-découvert » du Nouveau. Malraux, placé dans sa case parmi les classiques d'un romantisme « première moitié de siècle », bouscule moins. Son écriture est historiquement datée, comme celle de Chateaubriand qui fut, elle aussi, en son temps, une écriture de rupture. Ce qui ne veut pas dire qu'elle ait vieilli, mais qu'elle a perdu de son pouvoir de surprendre.

DE BIEN CURIEUX RÉVOLUTIONNAIRES

Le lecteur actuel est même tenté parfois de sourire. Il sait maintenant que les états de service révolutionnaires que

Malraux avait fournis pour la notice bibliographique jointe à la traduction allemande des *Conquérants* en 1928 avaient été fabriqués de toute pièce avec un bel aplomb. « Commissaire du Kuomintang pour la Cochinchine, puis pour l'Indochine (1924-25), délégué à la propagande auprès de la direction du mouvement nationaliste à Canton sous Borodine (1925)[1], cette supercherie devait assez vite faire long feu. C'est à Saigon qu'il se trouvait en 1925 et pas du tout dans la clandestinité, ses activités publiques en font foi. En août 1925, son seul contact avec la Chine avait été un rapide passage à Hong Kong, colonie britannique[2], pour en rapporter un lot de caractères d'imprimerie destinés à relancer son journal, *L'Indochine*. Une petite annonce dans un journal de la colonie lui avait appris que les jésuites, modernisant l'équipement du journal qu'ils éditaient, mettaient en vente leurs vieux caractères. Accueil cordial des religieux, marché vite conclu, les bons pères se chargent même de l'expédition. Pour le reste, quatre ou cinq jours de vacances avec Clara, son épouse, flânerie dans la foule, velléité d'aller au cinéma voir *L'Étroit Mousquetaire* de Max Linder, ascension du sommet du rocher, puis retour à Saigon[3].

Quant à Shanghai, Malraux ne découvrira le cadre de *La Condition humaine* qu'en septembre 1931. Ce bref séjour de quelques jours n'est qu'une étape d'un

1. Cité dans Vandegans, *La Jeunesse littéraire d'André Malraux*, p. 241.

2. Jean Lacouture, *André Malraux*, p. 103-104.

3. Clara Malraux, *Les Combats et les Jeux*, p. 220.

tour du monde de sept mois à travers l'URSS, la Perse, l'Afghanistan, l'Inde, Singapour et qui, après la Chine, devait se prolonger au Japon et aux États-Unis. L'objet de ce périple, défrayé par l'éditeur de Malraux, était la préparation d'une exposition sur les arts grec et bouddhique et le séjour en Chine n'y était nullement privilégié par rapport aux autres pays traversés. Le propos de Malraux n'était pas du tout politique ; aussi bien est-ce en touriste qu'il prendra de Shanghai un rapide aperçu, écrivant quelques rares notes[1] ; ses pas ne semblent guère s'écarter des concessions européennes et de cette avenue des Deux-Républiques qui est le seul nom de lieu shanghaien prudemment cité dans *La Condition humaine*. Bref, sa connaissance de la Chine est, à l'époque, extrêmement ténue et son expérience de ce pays se limite à quelques sensations de voyage d'un « homme pressé ».

Nous n'en dirons pas autant de l'Indochine où il a longtemps séjourné et qu'il connaît du dedans. La Chine de ses romans sera en grande partie la transposition de ce pays. Ainsi que Jean Lacouture le montre bien[2], c'est l'Indochine en colère contre la colonisation, « souffrante et brimée », plus que « la Chine géante accouchant de la révolution », qui lui est familière, « l'Indochine en désarroi » plus que la « Chine en fièvre ». « Pouvait-il reconstruire Canton et Shanghai à partir de Saigon et de Cholon, les tor-

1. Clara Malraux, *Voici que vient l'été*, p. 139 ; voir Dossier, p. 190.

2. Jean Lacouture, *op. cit.*, p. 116.

tionnaires de Chang-Kaï-Shek à partir de ceux du Docteur Cognacq, le gouverneur français de la Cochinchine [...] les soulèvements massifs de la Chine à partir des frémissements sociaux du delta du Mékong ou du port de Saigon, les stratèges de Canton à partir des compagnons de *Jeune Annam*? Oui, puisqu'il l'a fait — avec une force irréfutable, pour nous-mêmes, sinon pour les Chinois eux-mêmes. » En tout cas, alors que, très longtemps, il n'a rien fait pour rectifier ses biographies, Malraux a enfin précisé en 1967 à un reporter de la radio italienne qui l'interrogeait sur ses expériences asiatiques : « Attention, l'Asie de Malraux, à cette époque, ce n'est pas la Chine, c'est l'Indochine. » Dans *Les Chênes qu'on abat,* récit dans lequel il reconstitue à partir de divers entretiens étalés dans le temps et en y ajoutant bien des formules de son cru son ultime rencontre à Colombey avec le général de Gaulle, il précise une boutade : « Le livre est une interview comme *La Condition humaine* était un reportage[1]. » Quelques mois plus tard, dans la seconde édition Malraux ajoute ce simple membre de phrase : « C'est-à-dire pas du tout. »

La Condition humaine, pas plus que *Les Conquérants,* n'est certes un reportage, encore moins le témoignage d'un participant direct et important aux événements qui se sont déroulés en Chine en 1925 ou en 1927, pour la bonne raison que Malraux, à part l'escapade de

1. Malraux, *Les Chênes qu'on abat,* p. 7.

« Garçon ! du champagne pour ces deux dames et pour moi... »
La Fin de St-Petersbourg. Film de Poudovkine, 1927. Ph. Cinémathèque française.

Hong Kong, n'avait pas mis les pieds dans ce pays. Aussi, *La Condition humaine* est-elle le roman le moins auto-biographique de Malraux, celui où la fiction tient la plus grande place : au moins Malraux connaissait-il réellement Saigon évoquée au début des *Conquérants*, la jungle cambodgienne de *La Voie royale*, même s'il ne s'était pas aventuré en pays moï insoumis, et il prendra plus tard une part active à la guerre d'Espagne. En revanche, il était à des milliers de kilomètres de Shanghai, au moment de la tragédie de 1927. Son récit de l'action révolutionnaire en Chine s'en ressent.

Après des centaines de volumes qui relatent, sur des dizaines d'années, l'organisation et les péripéties d'une action clandestine, le lecteur d'aujourd'hui peut, à bon droit, être abasourdi face au comportement de Kyo et de ses camarades : qu'est-ce que ces « révolutionnaires professionnels » qui, à la veille d'une action décisive, puis devant l'imminence d'un coup de force qui menace de les anéantir, habitent paisiblement à leur adresse habituelle et ne portent aucun nom de guerre ? Kyo, présenté comme le responsable suprême des communistes de Shanghai, le coordinateur du mouvement révolutionnaire, rend visite, à quelques heures de son arrestation, accompagné de May, son épouse, à son père, Gisors, que tout Shanghai connaît. Il arrive en retard, parce qu'il a de multiples rendez-vous :

qu'en est-il du strict cloisonnement qui fait qu'un clandestin ne doit pas connaître plus de deux de ses camarades, et encore sous des noms d'emprunt ? Quand le coup de force de Chang-Kaï-Shek commence, l'armée n'instaure ni état de siège ni couvre-feu. Kyo et May, à une heure avancée de la nuit, errent le long de rues qu'aucun mouvement de troupes semble n'avoir bouclées. Curieuse organisation que ce parti communiste de Shanghai qui, après un quart de siècle de bolchevisme, ne dispose pas d'organisation militaire parallèle, où pour s'en tenir au fonctionnement officiel, les noms et les réalités des cellules, des sections, des « rayons » semblent inconnus, quels relais entre le groupe qui se réunit dans la boutique de Lou-You-Shuen et les « masses » ? Par quel coup de baguette magique, les foules se déversent-elles dans les rues, sans que cette mobilisation soit non plus imputable à la spontanéité, les militants s'emparent-ils des points stratégiques ? Ni la préparation ni la réalisation des actions ne sont intelligibles. Tout ce que nous connaissons de ce parti communiste qui, apparemment, n'observe aucune des règles élémentaires de sécurité, c'est un pouvoir décisionnel supérieur à Han-Kéou avec des représentants de l'Internationale, le Komintern, et qui apparaît comme à peu près plausible. A Shanghai en revanche, une communauté réduite à une poignée d'amis, franco-japonais (Kyo), belges (Hemmelrich), allemands (May), russes (Katow), plus, pour faire bonne mesure tout de même, quatre ou cinq Chinois, se réunit au vu et au su de tous et agite et organise, en une langue non précisée, des dizaines de milliers de travailleurs indifférenciés. Qu'elle se fasse exterminer en une nuit, se comprend. Mais comment a-t-elle pu, quinze jours auparavant, participer à un renversement de pouvoir couronné de succès ? Cette communauté pathétique n'est même pas un groupe de conspirateurs — sous d'autres cieux, la « conspiration » des personnages de Nizan apparaîtrait, en comparaison, un modèle d'efficacité — mais une amicale de « cœurs amis qu'unissait leur misère », une fraternité dostoïevskienne. Quelques années plus tard, dans *L'Espoir*, Malraux, parce qu'il a pris part effectivement à l'action, donne de l'organisation de la résistance républicaine espagnole au franquisme une image plus plausible. Ici, cette association d'« humiliés et offensés » paraît, dès le départ, vouée à marcher à l'abattoir.

« LÉGENDE DORÉE » ET « LÉGENDE DU SIÈCLE »

Il est, bien sûr, facile d'ironiser, ou de gloser, à la manière de Lucien Goldmann et de ses disciples, sur « cette réalisation extraordinaire de la communauté

1. Lucien Gold-
mann, *Pour une
sociologie du ro-
man*, p. 124.

révolutionnaire dans la défaite des militants et la survie de ceux-ci dans la lutte
révolutionnaire qui se poursuit après
leur mort ». C'est oublier[1] que nous
lisons non un traité de stratégie révolutionnaire, mais la « légende dorée » de
cette révolution, la vie des saints et des
martyrs. Malraux qui n'a pas été témoin
des événements — il n'a du reste jamais
prétendu avoir été présent en Chine en
1927 — ne peut en écrire la chronique.
Mais il lui reste la meilleure part : mettre
en œuvre l'imaginaire de la révolution et
l'envelopper d'une « aura » mythique
qui la préservera des atteintes du temps.

Régis Debray qui sait, par expérience, de quoi il
parle, a, plus de quarante ans plus tard, opéré le
cadrage et le réglage adéquats : « J'ai longtemps
refusé l'alliage de l'embellissement et de la souffrance. Je me suis agacé et gaussé pendant des
années de ces métaphysiciens complaisants, tant
obsédés d'eux-mêmes et de leurs funérailles, qui
ressemblent à des militants communistes en action
comme des chevaliers du Moyen Age aux bidasses
du contingent [...] C'est qu'à trop fréquenter la réalité, en ayant éprouvé jusqu'à quel point elle man-
quait de féerie, l'alliage de ces deux choses me semblait contre nature [...] J'ignorais seulement [...]
qu'on ne peut pas faire rêver les hommes sur la
Révolution de la même façon qu'on fait la Révolution. L'imaginaire a ses raisons, que la raison ne
connaît pas. Si *Les Conquérants* ou *La Condition
humaine* avaient véritablement été des " chroniques
romancées " ou des analyses dramatisées de la
Révolution chinoise, il y a belle lurette qu'ils
auraient sombré dans l'oubli des archives et les
oubliettes du mouvement ouvrier[2]. »

2. Régis Debray,
Éloges, p. 139.

L'auteur de *La Condition humaine* ne prétend pas travailler sur la « prose du monde », mais la transfigurer. Les Chinois de Malraux ne sont pas plus chinois que ne sont romains les Romains de Corneille ; la révolution chinoise de Malraux est élevée à la tragédie comme la Révolution française l'est à la grandeur épique de Hugo dans *Quatre-vingt-treize*. Mais les Horaces ou Sertorius sont plus « vrais » que les soudards ou les chefs de guerre brutaux et sans scrupule de Rome, même s'ils ne sont pas conformes à la réalité historique, Cimourdain ou Lantenac plus « vrais » que tel représentant de la Convention aux armées, les rois de Shakespeare ou l'Ivan le Terrible d'Eisenstein que leurs modèles et les héros de John Ford que les aventuriers de sac et de corde qui partaient chercher fortune à la frontière de l'Ouest. Le XXᵉ siècle, dans tous les pays et sous tous les régimes, a été peuplé de trafiquants et de « collaborateurs », de carriéristes et d'opportunistes, de lâches et de résignés. Au soir de sa vie, Malraux, en une série d'émissions télévisées, entreprendra le commentaire et le bilan des images qu'il nous laisse. C'est par un intitulé à la fois significatif et impérial qu'il magnifiera ce siècle qui s'en va : « La légende du siècle ».

UNE « TRADUCTION LÉGENDAIRE DE LA VIE EXTÉRIEURE »

1. Baudelaire à propos de Balzac.

C'est en effet une « traduction légendaire de la vie extérieure[1] » que *La Condition humaine*. Le décor, c'est bel et bien la Chine des années vingt. Mais, Malraux n'a jamais envisagé de nous en donner la copie conforme, le fac-similé, il a toujours réagi contre l'esthétique « réaliste » de la « mimésis », de l'imitation. Il ne s'agit pas, pour lui, de nous transporter dans Shanghai au début du printemps 1927, comme si nous y étions, mais de capter de ce décor l'émanation, d'enregistrer de l'Histoire la vibration et le chant. De ce réel, Régis Debray nous le montre superbement, « seule compte la féerie qui s'y joue, et qui ressortit au théâtre le plus classique : celui de l'héroïsme et du sublime. Le vieil oratorio qui réveille en chacun de nous les voix alternées de l'irrémédiable et de la volonté, Malraux l'encadre par la " une " d'un journal, et les cinq colonnes s'enlèvent sur un fond de chœur grec. L'Armée rouge, Chang-Kaï-Shek et le clapotis des jonques sous la lune, c'est une façon très économique d'éteindre les lumières dans la salle, de frapper les trois coups pour accrocher le lecteur à la médiocrité des choses familières et l'emporter en musique vers son intime inconnu[2] ». L'héroïsme et le sublime, voilà en effet le véritable climat de *La Condition humaine*. Ce n'est pas dans le

2. Régis Debray, *op. cit.*, p. 140.

29

dirigeant communiste réel Chou-En-Laï qu'il convient, ainsi que cela a été suggéré parfois, de chercher les « clés » de Kyo, héros de fiction, mais c'est à Néarque et à Polyeucte qu'il faut le comparer. La Chine a été choisie comme « théâtre des opérations » parce que c'est, à la fin des années vingt, l'un des pays où se manifestent avec le plus d'intensité l'effervescence et le trouble de la planète, et c'est en même temps un lieu aussi abstrait que le Caucase du *Prométhée enchaîné*. Ce « théâtre des opérations » est une scène de théâtre tragique où simultanément les aspirations des hommes se heurtent à la force des choses, où des chairs encore vivantes subissent la souffrance et l'horreur incommensurables de la torture, où des consciences attendent leur anéantissement. Une scène où l'humiliation suscite la révolte et le courage, où des êtres plongent dans l'abjection, et peuvent atteindre aussi le plus haut degré d'eux-mêmes. Ailleurs, il est possible de se disperser dans le « divertissement » pascalien, d'éluder les questions fondamentales. Ici, il faut se concentrer sur l'essentiel. Tout est horriblement pur. Dans un cadre apparemment historique surgit un roman métaphysique.

Les deux sont, pour Malraux, indissociables. S'il s'était contenté de romancer des événements historiques, son roman aurait connu la destinée éphémère des œuvres de circonstance. Pis encore, il n'aurait eu, aux yeux de son auteur, aucune valeur esthétique. « La phrase de Pascal : " Quelle vanité que la peinture qui attire l'admiration par la ressemblance des choses dont on n'admire point les originaux ! " n'est pas une erreur, c'est une esthétique[1]. » L'auteur des *Voix du silence* entend par là que l'art n'a pas à copier le monde, mais à le recréer. « Si les écrivains sont des ingénieurs de l'âme, n'oubliez pas que la plus haute fonction d'un ingénieur est d'inventer[2]. » Mais une œuvre de pure fiction peut rester un jeu, ne répondre à aucune urgence, à aucune nécessité. En l'insérant dans les cheminements de l'Histoire, le romancier lui donne sa consistance, sa « fertilité ». Parallèlement, un roman métaphysique qui se réduirait à illustrer un système préétabli, tout fait, resterait dans le vide. Surtout, il perdrait ses pouvoirs d'interrogation. A cet exercice de mandarin manquerait ce qui importe le plus pour Malraux, son authenticité. La rencontre d'une expérience vécue dans l'Histoire et d'une demande de sens fonde et garantit ce caractère authentique de l'œuvre. A l'entrecroisement de la réalité extérieure et de sa transposition apparaît, dans l'acceptation positive du terme, le mythe. L'imagination pure charme, mais ne subjugue pas ; à l'inverse, le document reste purement informatif. Le coup d'éclat de Malraux, c'est d'avoir reversé l'Histoire dans le mythe.

1. Malraux, *Les Voix du silence*, p. 70.

2. Malraux, in *Commune*, septembre-octobre 1934, p. 69.

UNE FANTASMAGORIE ORGANISÉE

Nous en prenons davantage conscience que les lecteurs des années trente et quarante. Puisque nous ne cherchons plus dans *La Condition humaine* la représentation d'une révolution ni une réflexion sur la Révolution à venir ni la révélation de notre modernité, nous voilà libres de nous laisser porter par une fantasmagorie. Dans une grande cité chaotique de touffeur, de brume et de nuit, des marcheurs hallucinés poursuivent et vivent leurs rêves jusqu'à en être brisés ou à en mourir.

Pour les survivants : volonté de puissance de Ferral qui se nourrit d'elle-même et n'étreint que ses propres fantasmes, mythomanie de Clappique qui ne distingue plus bien entre les contes étranges et « farfelus » qu'il se raconte et le cours des choses, indulgence de Gisors dans son infinie lassitude qui abolit les limites des objets et des êtres en les fondant, à travers une vision d'opium, en un grand amour désolé. Pour ceux qui vont mourir : pulsion de mort de Tchen qui l'entraîne dans le terrorisme et le suicide du kamikaze, espoir contre toute espérance de Kyo, de Katow et de leurs camarades en un avenir où l'humiliation céderait la place à la dignité, où la fraternité unirait une terre sauvée. Les uns et les autres, par des recours très divers, poursuivent la même obsession : donner à leurs illusions consistance et forme, saisir les mirages qui flottent dans leur théâtre d'ombres pour les fixer et les amener au réel. Ils semblent parfois s'en rapprocher. Les révolutionnaires remportent une première manche en s'emparant de Shanghai, étape vers la société de l'avenir. Ferral se croit un temps le maître d'un empire financier autant que celui des femmes qu'il s'imagine contraindre ; Clappique voit « la lumière mate de la lune [...] dériv[er] lentement dans un trou immense, sombre et transparent » et « une vie extra-terrestre » s'installer dans la ville endormie (*CH*, p. 244) ; il semble à Gisors un instant qu'un groupe de nuages, « celui-là précisément, exprimait les hommes qu'il avait connus ou aimés, et qui étaient morts » (*CH*, p. 336). La Shanghai de Malraux réalise un temps ce qu'il écrira plus tard du Paris de Balzac. Elle « devient le lieu privilégié de ce qui existe presque » (*HPL*, p. 100).

Bientôt après, « la douleur possédée referma lentement sur Gisors ses bras inhumains » ; Clappique, après avoir assimilé « cet abandon de cité engloutie » à « la vie d'une autre planète » ou à celle de « p'petites villes pleines de dormeurs des *Mille et Une Nuits* », réalisera d'un coup : « N'empêche que je vais peut-être crever » ; Ferral comprend qu'il « ne couchera jamais qu'avec lui-même », que « oui, sa volonté de puissance n'atteignait jamais son objet, ne vivait que de le renouveler » (*CH*, p. 232). Les réveils sont brutaux et désespérés. Mais, à la différence d'un récit de rêve romantique, la réalité, si elle se dérobe d'un coup, a été bien près d'être saisie. Aussi ne peut-on assimiler tout à fait *La Condition humaine* à un récit merveilleux comme parfois le suggère Régis Debray, où « la Révolution représente le merveilleux moderne, comme la Croisade des preux et le martyre des saints, le merveilleux chrétien[1] ». On ne peut tout à fait, non plus, y voir — et pourtant l'hypothèse est séduisante — un récit expressionniste peuplé de ces ombres découvertes avec Clara dix ans auparavant en Allemagne et qui devaient si longtemps le hanter.

1. Régis Debray, *op. cit.*, p. 142.

Certes la tension de l'écriture, le caractère paroxystique de la vision évoquent surtout les films de Wiene, de Lang ou de Murnau, les pièces de Kaiser ou de Toller. Mais, la distribution des scènes est trop concertée, la construction d'ensemble trop cohérente, les personnages sont trop complexes et individualisés pour que l'on puisse voir dans *La Condition humaine* un cri, une « symphonie de l'horreur » à la manière de Nosferatu, un simple mode d'expression du « pathos ». Gide s'en est rendu compte assez vite : « Ce livre qui, en revue, m'apparaissait touffu à l'excès, rebutant à force de richesses et presque incompréhensible à force de complexité [...] me semble, à le relire d'un trait, parfaitement clair, ordonné dans la confu-

1. Gide, *Journal*,
t. I, p. 1165.

sion[1]. » C'est un roman de l'intensité que
La Condition humaine, mais d'une intensité maîtrisée.

LES SIGNAUX DE L'AU-DELÀ

Peut-être cette intensité n'est-elle pas à
elle-même sa propre fin et ne se nourrit-
elle pas d'elle-même. Malraux qui
refuse, à l'époque, toute réponse religieuse à ses questions, laisse, sans probablement en avoir conscience, une
fenêtre ouverte sur une transcendance,
c'est-à-dire sur une réalité supérieure
irréductible à l'expérience et absolue.
Gisors, à travers l'opium, ne cherche pas
seulement à fuir l'angoisse, il prend de
lui-même une conscience qui ne doit
rien aux sens. Il se fond avec les objets et
les lieux qui l'entourent et qui cessent
d'être distincts de lui « au fond d'un
monde plus vrai que l'autre parce que
plus constant, plus semblable à lui-
même [...] formes, souvenirs, idées, tout
plongeait lentement vers un univers délivré » (*CH*, p. 71-72). Ce n'est certes pas
un Dieu personnel qu'il rencontre, il
demeure dans la solitude totale. Mais, en
même temps, cette solitude a cessé d'être
angoissante. « Une sérénité élargie
jusqu'à l'infini », tel est en effet l'état
vers lequel tend *La Condition humaine*,
même si Malraux ne l'évoque que de
loin en loin, mais avec constance et à des
intervalles réguliers. Par-delà la souf-

france et l'horreur, une autre modalité de l'être se laisse entrevoir. On pourrait penser que Gisors la découvre par le moyen d'un « paradis artificiel ». Mais son beau-frère, le peintre japonais Kama pour qui la peinture est l'équivalent, chez les chrétiens, de la charité, et qui, sur ses lavis, fait naître tout ce monde où la mélancolie « préparait au bonheur » (*CH*, p. 189-190) suggère, lui aussi, une lumineuse et profonde unité qui dépasserait la douleur de l'homme écrasé. A Kyo, lorsqu'il aborde les quais de Han-Kéou après avoir rencontré le fleuve (*CH*, p. 134), à Clappique, errant dans Shanghai déserté (*CH*, p. 244), une trouée de lune apporte une lumière sidérale qui pourrait être aussi la trouée d'un au-delà. Un au-delà tout entier dans cette vie certes, et non le signal émis par Dieu ou le reflet du ciel platonicien des Idées. Mais un au-delà qui, selon l'expression chère plus tard à Malraux, « englobe » cette vie, l'unifie, la prolonge, lui confère une énigmatique profondeur. Sans doute, parce que nous connaissons les écrits ultérieurs de Malraux, des *Noyers de l'Altenburg* à *La Métamorphose des dieux*, sommes-nous plus prêts à en capter les manifestations et les mystérieux signaux. L'extase que Malraux lui-même connaîtra au Japon face à la cascade de Nachi et qui le mettra, en 1974, au cours de son ultime voyage à l'Extrême-Orient de son itinéraire personnel, dans la « confidence de l'univers[1] » était déjà préparée par ces premiers scintillements de l'Inconnu. Rétrospectivement, ils baignent *La Condition humaine* d'une lumière révélatrice qui la transfigure en une étape d'un long itinéraire initiatique.

La séparation et l'anéantissement n'apparaissent plus, dans cette optique, comme la signification dernière de *La Condition humaine*. Ou, du moins, ils n'en épuisent pas la signification. Placé en amont d'une œuvre complète qui devait s'étendre sur plus de quarante ans encore, ce roman ne saurait être pris, dans ses conclusions explicites, et qui, du reste, nous le verrons, suscitait des interprétations plurielles, comme l'aboutissement de la réflexion et l'art de Malraux. Il lui restait à poursuivre encore un long pèlerinage.

L'histoire des interprétations du roman est inséparable de l'histoire des époques où ces interprétations ont été proposées. L'ombre portée des années trente jusqu'à nos jours recouvre largement cette œuvre. Cette histoire est indissociable aussi de l'évolution de Malraux lui-même. Non qu'il ait, comme une lecture politique superficielle pourrait le laisser croire, brûlé ce qu'il avait adoré et changé de fond en comble sa vision du monde. La réflexion ultérieure est en germe dans *La Condition humaine*, tout est déjà là à l'état d'esquisse ou de virtualité. Ce qui est latent a connu le long travail du passage

Clappique : « Quand il est mort... on a tout su... On lui a obéi : on l'a enterré sous la chapelle, dans un immense caveau, debout sur son cheval tué, comme Attila... »
Honoré Fragonard. Homme et cheval anatomisés. Pièce naturelle. Maison-Alfort. Coll. Musée de l'École vétérinaire. Ph. Gilles Capée.

« Il me faut absolument douze hommes pour cette nuit. »
Milice révolutionnaire chinoise. Ph. Edimedia.

au manifeste. En lisant « à rebours » *La Condition humaine,* nous n'y trouvons peut-être plus le point culminant de l'œuvre de Malraux ni l'accomplissement de sa pensée. S'il ne se repose pas en 1933 sur la ligne de faîte de son art, du moins pouvons-nous le suivre dans sa montée d'un versant ascendant. Cette démarche, bien loin de relativiser *La Condition humaine,* lui restitue sa dynamique : celle d'une œuvre qui se cherche à travers déjà de magistrales ébauches ; celle d'un homme jeune qui, s'il a dépassé les incertitudes et les poses de l'adolescence, est encore en recherche, à l'une des étapes du chemin de la vie. A ce livre d'intensité et de fulgurations, d'approximations et de trouvailles, il faut restituer le plus profond de ses secrets : sa jeunesse.

II DES RÉFÉRENCES CULTURELLES FOISONNANTES

Comment un jeune homme devient-il écrivain ? Par le pouvoir qu'ont exercé sur lui d'autres œuvres écrites. Le futur écrivain est celui qui se confronte avec les révélations et les défis que lui ont lancés d'autres œuvres. « Un poète ne se conquiert pas sur l'informe, mais sur les formes qu'il admire. Un romancier aussi. Avant de concevoir *La Comédie humaine* et de se battre avec l'état civil, Balzac s'est battu avec le roman de son temps [...]. La création n'est pas le prix d'une victoire du romancier sur la vie, mais sur le monde de l'écrit dont il est habité » (*HPL*, p. 155).

Tout artiste commence par imiter. L'apprenti créateur va s'essayer et se découvrir, en pastichant d'abord, puis, assez vite, en s'assimilant et en modifiant les œuvres qu'il a lues avec passion. Rimbaud, présenté pourtant comme « l'enfant-poète », le génie à l'état sauvage, a lui-même commencé par écrire à la manière de Hugo ou même de Banville. « Aucun Rimbaud pur ne passe de rien au *Bateau Ivre*; il imite Banville parce que toute création est l'aboutissement d'opérations sur des formes [...]. Dans le roman comme en peinture, le créateur finit par son génie et commence par celui des autres » (*HPL*, p. 158).

Lecteur fervent, porté par des curiosités multiples, Malraux l'a été dès l'adolescence. Son choix délibéré de s'écarter des filières scolaires l'éloigne des sentiers battus. Il gagne précocement sa vie, en joignant l'agréable à l'utile, puisqu'il fouine chez les bouquinistes des quais pour le compte d'un grand libraire d'occasion, à l'époque où Walter Benjamin compare Paris à « la grande salle de lecture d'une bibliothèque que traverse la Seine[1] ». Par la suite, il éditera des

1. Walter Benjamin, *Sens unique*, p. 303.

ouvrages rares pour bibliophiles. Des écrivains français méconnus de la première moitié du xviiie siècle aux symbolistes « fin de siècle » tels que Gourmont et Schwob, il découvre des écrivains mineurs. Ces ouvrages du second rayon se réfractent dans ses écrits « farfelus ». Mais, dès les alentours de sa vingtième année, il va aussi — et surtout — d'emblée aux plus grands : Hugo, Stendhal, Michelet, Dostoïevski, Nietzsche, Barrès, Gide, Suarès, Claudel. Sa compagne Clara, dont les parents sont allemands, qui est parfaitement bilingue et dont la connaissance des littératures étrangères est étendue et éclairée, l'initie aux romantiques allemands, en particulier à Hoffmann, aux expressionnistes d'Europe centrale, en même temps qu'aux romans de Joseph Conrad dont l'ombre portée se projette sur *La Voie royale*. Hoffmann et les expressionnistes — écrivains et cinéastes — seront pour Malraux des « maîtres à rêver ». Nietzsche le fascinateur et, en contrepoint, le fraternel Dostoïevski constituent deux pôles de référence majeurs entre lesquels oscille l'arrière-plan de *La Condition humaine*. Pascal apportera au roman son titre, son accent, une partie de sa problématique, tandis que la scène la plus atroce, aux limites de l'insoutenable — celle de l'attente de la mort des prisonniers (*CH*, p. 296-310) — sera la mise en scène incarnée d'une de ses pensées. Si les premiers écrits restaient encore marqués par des réminiscences d'œuvres curieuses et un peu frêles, c'est à des écrivains de première importance que se confronte *La Condition humaine.* Parlera-t-on d'influence de Hoffmann et des romantiques allemands, de Nietzsche, de Dostoïevski, de Pascal? Le terme peut, dans le cas du Malraux de *La Condition humaine,* paraître inadéquat. Ces écrivains le stimulent, lui posent question, suscitent en lui une impulsion initiale. Il engage avec eux un dialogue et les fait dialoguer entre eux mais il ne les subit pas avec passivité, il ne se contente pas de les illustrer. Face à eux, il réagit. Les rapports qu'il établit avec eux ne sont pas de disciple à maître ou de filiation, mais d'égal à égal.

LES MAÎTRES À RÊVER (HOFFMANN ET LES ROMANTIQUES ALLEMANDS)

Parmi les littératures étrangères, c'est, avec la littérature russe, la littérature d'expression allemande qui, au départ, parle le plus à Malraux. Dans une partie de la littérature allemande, il se sent chez lui.

Le premier ouvrage publié par Malraux, *Lunes en papier,* porte en exergue une citation d'Hoffmann, extraite du *Choix d'une fiancée :* « Prenez garde, dit l'orfèvre, car vous avez affaire ici à des gens assez curieux. » Clappique, de retour dans un hôtel chinois après une nuit de dégoût de lui-même, « jette son veston sur l'exemplaire familier des *Contes d'Hoffmann* et se verse du whisky » (*CH*, p. 257). C'est en effet à Hoffmann que le baron — dont la mère était hongroise et qui évoque toute une Europe centrale des fins fonds avec la figure du « pp'etit grand-père » enterré dans la chapelle de son château de Hongrie du Nord « debout sur son cheval tué, comme Attila » (*CH*, p. 32-33) — se trouve constamment associé. Clappique pratique l'ironie, dans l'acception romantique du terme, c'est-à-dire l'expression d'un décalage. Décalage entre une réalité décevante à force d'être triviale et l'intuition d'un monde tout d'harmonie que la musique ou certaines lueurs insolites laissent entrevoir. Clappique vit ainsi en porte à faux entre le monde comme il va et les sphères éthérées. Mieux vaut, selon lui, en rire. Mais ses tics de physionomie et de langage, ses glapissements, ses gestes saccadés, le martèlement de certains mots, le rythme déconcertant de sa parole, les brusques virages de sa conversation, ses associations d'idées biscornues, les passages, sans crier gare, d'un registre à l'autre, de la bouffonnerie à la poésie, de la rêverie à la familiarité, tout manifeste en lui le génie de la dissonance. De la fantaisie au fantastique, il virevolte et zigzague sans cesse et il a l'art d'évoluer sans cesse en lignes brisées. Cette dissonance, c'est l'hommage qu'il rend à l'harmonie. S'il déconcerte constamment, c'est parce que, sans l'avouer, il vit douloureusement ce grand écart. Cet amuseur ressent, selon les termes d'Hoffmann, dans *Don Juan,* « le conflit de la nature humaine avec les puissances inconnues qui la circonviennent pour la détruire ». Cet homme conscient d'une singularité qu'il cultive, qui, animé au fond d'un puissant instinct de conservation, tient à sa peau et sait, dans les circonstances les plus désespérées, la préserver, rêve, au moins autant que Gisors, de recouvrer l'unité originelle et de se fondre dans le Grand Tout.

Cette quête de l'harmonie à travers le chaos apparente, par-delà le personnage de Clappique, *La Condition humaine* à la démarche d'un Jean-Paul et surtout d'un Novalis. Le roman de Malraux baigne, nous le verrons, dans la nuit. La nuit, pour Novalis, est un élément qui existe en lui-même, puisqu'il y a une lumière. Elle existe comme l'autre face de la lune. Toute chose a son revers et il émane de la Nuit une puissance des ténèbres. Elle n'est pas forcément destructrice. En abolissant les contours, les couleurs, elle fait disparaître les séparations d'un monde morcelé, elle restaure l'indistinction primordiale. La réalité de la nuit cerne et englobe la vie mortelle et l'inscrit dans une unité qui la dépasse. Les rêves éveillés de Clappique comme les visions d'opium de Gisors apparaissent ainsi comme une voie d'accès à un principe supérieur. Tout apparait séparé et déchiré, et pourtant, comme dans le romantisme allemand, tout se tient.

A la différence de Novalis et d'Hoffmann, il ne s'agit là, pour le Malraux de *La Condition humaine,* que d'une hypothèse. Malraux ne présente pas comme une certitude ce lien indissoluble et supérieur entre les phénomènes et les êtres. « Le fantastique, commente André Vandegans, est, par excellence, le domaine d'une imagination créatrice et aventureuse [...] Elle est un instrument de recherche et d'expérience[1]. » Malraux lui-même, à propos d'un récit de Pierre Véry, affirme : « Le talent d'un écrivain fantastique consiste presque toujours à affirmer [...] que le monde accepté communément n'est que mensonge non parce qu'il n'est pas vrai, mais parce qu'il est fixe. Le fantastique — on ne saurait trop songer aux quelques contes d'Hoffmann admirables perdus dans un fatras de petit romantique — naît presque toujours d'une foi profonde, d'une adhésion rigoureuse au possible[2]. » Plus que la relative distance quelque peu condescendante prise par Malraux à l'égard d'Hoffmann, il convient ici de noter combien sa pensée se précise. Il n'adhère pas à la vision du monde romantique, à sa métaphysique. Elle lui sert de tremplin pour se laisser entraîner dans une réalité mouvante, celle des possibles ; la pensée romantique l'intéresse moins dans ce qu'elle affirme que dans son pouvoir libérateur.

1. Vandegans, *op. cit.,* p. 286.

2. Malraux, *Pont-Égaré* de Pierre Véry, *NRF,* octobre 1929, in *L'Esprit de la NRF,* p. 704.

NIETZSCHE LE FASCINATEUR

Autre grand écrivain allemand, autre libérateur : Friedrich Nietzsche. Ce que Malraux porte le plus au crédit de Nietzsche, tel qu'il l'interprète à l'époque de *La Condition humaine,* c'est de valoriser les hommes. Dans un compte rendu qu'il fait en janvier 1935, dans la *NRF,* du *Journal d'un homme de quarante ans* de Jean Guéhenno, après avoir affirmé « aimer ces hommes, Michelet, Alain, Guéhenno, pour qui enseigner veut dire quelque chose de noble », il poursuit ainsi son éloge de ce livre : « Le ton de ce livre-ci a cette dignité de porter sans cesse le sourd écho de la phrase que répondit Nietzsche lorsqu'on lui demanda ce qui était le plus important : " Épargner à tout homme la honte "[1]. » Telle n'est pas l'idée reçue que l'on se faisait souvent de Nietzsche depuis le début du siècle. Trop souvent — et le détournement opéré à son égard par les nazis accentuait ce contresens — l'auteur d'*Ainsi parlait Zarathoustra* était perçu comme un apologiste de la force, du mépris de l'humanité, voire de sa réduction en esclavage par une poignée de maîtres. Malraux a bien vu que la « volonté de puissance » n'était pas la volonté de dominer, que le surhomme ne s'affirmait pas en humiliant et en écrasant les autres, mais en établissant sur lui-même sa propre souveraineté. L'humanité est certes, pour Nietzsche,

1. Malraux, *Journal d'un homme de quarante ans* de Jean Guéhenno, *NRF,* janvier 1935, in *L'Esprit de la NRF,* p. 1 010.

un matériau brut à transformer, mais il s'agit de la part d'humanité intérieure à chaque individu. L'aristocratisme de Nietzsche inclut une éthique de la générosité.

Dans *La Condition humaine*, aucun des personnages principaux n'apparaît dans la mouvance de Nietzsche, à l'exception d'un seul : Ferral. Cet héritier d'une famille de la grande bourgeoisie de la Troisième République est parti en Extrême-Orient pour y constituer un empire financier. Il n'est pas motivé par le goût médiocre du lucre, mais il lui faut dominer des pays entiers pour se sentir exister. En fait, il cherche ainsi à compenser une secrète fragilité. Ses relations avec les femmes tournent autour d'une intense obsession : posséder à travers elles « la seule chose dont il fût avide : lui-même ». D'où un érotisme singulier : il rallume brusquement la lumière pour capter dans le regard de Valérie la jouissance qu'il lui impose, il traite une courtisane chinoise comme une vulgaire prostituée pour la sentir contrainte, il raconte à Gisors avec l'accent de la revanche les supplices sadiques infligés sous les premiers empires chinois pour l'offense de la femme au maître (*CH*, p. 226). C'est que, pour lui, comme pour le docteur Mabuse du film de Fritz Lang, « la vie est un jeu. Il n'y a pas d'amour, il n'y a que la volonté de puissance[1] ». A la question piège de Gisors qui lui a

1. Intertitre du film *Mabuse le joueur* (Fritz Lang, 1922).

47

demandé ce qu'il entendait par l'intelligence — question révélatrice puisque chaque interlocuteur de Gisors y répond « par le portrait de son désir, ou par l'image qu'il se fait de lui-même » — Ferral réfléchit : « La possession des moyens de contraindre les choses ou les hommes » (*CH*, p. 226). Mais les deux résistent à la volonté humaine. C'est ainsi que la volonté de contraindre de Ferral tourne à vide et qu'il lui est impossible un seul instant de sortir de lui-même. La différence avec Garine dans *Les Conquérants* et Perken dans *La Voie royale*, c'est que Ferral n'est pas le personnage central de *La Condition humaine*, mais seulement l'un des pôles du roman. La figure de l'aventurier dominateur n'est plus au cœur du dispositif. Malraux s'éloigne-t-il ainsi de Nietzsche ? Il vaudrait mieux sans doute reconnaître qu'il l'approfondit. Face à la question de Ferral : « Ne trouvez-vous pas d'une stupidité caractéristique de l'espèce humaine qu'un homme qui n'a qu'une vie puisse la perdre pour une idée ? », Gisors pense à l'une des idées de Kyo : « tout ce pour quoi les hommes acceptent de se faire tuer [...] tend [...] à justifier cette condition en la fondant en dignité » (*CH*, p. 228). Au thème de la contrainte et de la domination se substitue celui de la dignité.

LE FRATERNEL DOSTOÏEVSKI

A l'affirmation de la différence va aussi faire place celle de la communion. Pour échapper à l'engrenage des relations du maître et de l'esclave, il a fallu, pour fonder sa propre dignité, passer par la reconnaissance de celle d'autrui. Pourtant, dans *La Condition humaine*, le spectacle constant est celui d'une souffrance qui pourrait mener, de bien peu, à l'avilissement. König, le chef de la section spéciale de police, a été torturé en Sibérie par les Rouges qui lui ont enfoncé un clou dans chaque épaule, long comme un doigt. Il a pleuré comme une femme, comme un veau. « J'ai pleuré devant eux. Vous comprenez, oui ? restons-en là. Personne n'y perdra rien » (*CH*, p. 266). Aussi vaudrait-il mieux ne pas trop lui parler de dignité. Cet humilié dostoïevskien est resté un offensé, un homme du ressentiment qui se déteste autant qu'il méprise les autres et en exacte proportion, parce que, dans une situation extrême, il a perdu toute possibilité de s'estimer lui-même.

Mais d'autres humiliés rencontrent, eux, comme dans les romans de Dostoïevski, au fond du désespoir, la fraternité. Hemmelrich apparaît plus qu'un comparse dans le roman, mais le plus dostoïevskien des personnages. Ce malchanceux depuis l'enfance, cet éternel perdant (*CH*, p. 177-181) pourrait n'être qu'une pitoyable victime, un personnage douloureux de roman de Charles-Louis Philippe. Mais il y a sa femme vendue douze dollars qui « s'est accrochée à lui d'un amour de chien aveugle et martyrisé, soupçonnant qu'il était un autre chien aveugle et martyrisé » ; il y a maintenant le « gosse » qu'il peut à peine nourrir et qui souffre, dans sa maladie, la scandaleuse douleur de l'innocent. Dans cet attachement élémentaire viscéral de pauvres hères qui, au plus profond de la misère, se réchauffent les uns les autres, Malraux, pour la première fois dans son œuvre, nous met en présence d'êtres qui ont des attaches et qu'unit la compassion. Aussi, quand à la fin du roman, Hemmelrich, après avoir perdu ses compagnons de malheur massacrés par la soldatesque, trouve dans son travail en URSS pour la première fois de sa vie un sens, il ne faut sans doute pas réduire cette évolution à un fragment de propagande plus ou moins habilement plaqué, mais y voir le parachèvement de quelques grands thèmes dostoïevskiens : la communion des saints, la réversibilité des mérites, la rédemption par la souffrance, le scandale du Mal.

La pensée de Dostoïevski est évidemment inséparable de sa foi dans la religion orthodoxe. Religion qui, dans le fonds commun au christianisme, met l'accent sur la troisième personne de la Trinité, l'Esprit-Saint, à laquelle les autres confessions font une moindre référence. L'Esprit-Saint, le jour de la

Pentecôte, donne aux apôtres le don des langues, Il les élève au-dessus de leurs particularismes, il unifie les hommes en leur apportant, au sens fort du terme, l'Inspiration. L'Esprit-Saint constitue entre les hommes le lien de la fraternité. Son expression religieuse est la « communion des saints » : l'Église militante et souffrante des vivants pêcheurs et meurtris, en union avec l'Église triomphante des élus, par la prière et aussi par la réversibilité des mérites. La souffrance d'un juste, son martyre peuvent amener l'apaisement d'une douleur chez un vivant qu'ils ne connaissent parfois même pas et, plus encore, lui conférer le don le plus fort qui puisse être conféré à une âme : la Grâce qui lui apporte le Salut. Cette Foi constitue le fil conducteur des romans de Bernanos, le seul parmi ses contemporains en France dont Malraux admirait l'univers romanesque et qu'il considérait comme un pair, son article sur *L'Imposture* en 1928 comme sa préface au *Journal d'un curé de campagne* en 1974 en témoignent : Malraux n'affirme-t-il pas qu'« il fut le plus grand romancier de son temps[1] » ? Certes, pour Bernanos, le surnaturel existe, alors que l'agnostique Malraux ne peut ni ne veut affirmer sa présence. Mais Malraux a affirmé, à la lecture de Dostoïevski et de Bernanos, que l'imaginaire du religieux peut bouleverser des lecteurs qui ne partagent pas la même Foi. Serait-il téméraire d'envisager que, pour Malraux, la

1. Malraux, préface au *Journal d'un curé de campagne* de Bernanos, p. 9.

fraternité des communistes persécutés de Shanghai évoque davantage l'Église des catacombes — une lettre de Peï dans l'épilogue s'y réfère explicitement (*CH*, p. 330) — que l'organisation du Komintern ? Plus téméraire encore : le sacrifice de Kyo, le martyre de Katow n'ont-ils pas rejailli sur la pauvre existence de Hemmelrich pour lui donner enfin espoir et signification ? « Nous prenons connaissance du monde grâce à une " grille " chrétienne, nous qui ne sommes plus chrétiens[1]. » Cette constatation, le Malraux d'*Une jeunesse européenne* y voyait une faiblesse. Il n'empêche qu'une part majeure de *La Condition humaine* envisage le monde à travers une grille, disons, « christique ».

D'autant plus que l'accent mis sur la souffrance physique, atroce, intolérable, ne saurait être mis forcément au compte de quelque « sadisme brumeux » comme le voulait Brasillach[2] ou d'une affirmation d'une absurdité fondamentale qui est la pensée la plus étrangère en profondeur à Malraux. Cette souffrance est là en effet, évidente. Malraux, vis-à-vis d'elle, oscille entre deux attitudes qui ne sont pas forcément contradictoires : parfois il semble s'approcher — s'approcher seulement — de l'idée d'une souffrance rédemptrice, dans la mesure où c'est par elle que Kyo, dans la prison pestilentielle où les soudards s'acharnent sur un dément, que Katow, dans le préau où il attend d'être brûlé vif, atteignent le plus

1. Malraux, *D'une jeunesse européenne, Écrits*, p. 137.

2. Voir Dossier, p. 205.

« Kyo avait choisi l'action, d'une façon grave et préméditée, comme d'autres choisissent les armes ou la mer... »
Film : *Le Train mongol*. 1929. Trauberg. Ph. Cinémathèque française.

haut d'eux-mêmes, accédant à une fierté, à une noblesse supérieure. Celles-ci pourraient apparaître comme l'équivalent humain de la Grâce et du Salut, parce qu'elles sont, dans l'un et l'autre cas, le mode d'accès à l'Absolu. Mais la souffrance d'un enfant — Camus reprendra ce constat dans *La Peste*, à partir de la conversation entre le docteur Rieux et le Père Paneloux — ne saurait être récupérée en aucune manière, la souffrance du fils d'Hemmelrich constitue le scandale pur, le scandale par excellence. Comme l'est aussi le scandale de la Mort (*CH*, p. 337). Et la veillée funèbre de Kyo par Gisors et May, analogue à une Pietà, relie *La Condition humaine* à une autre veillée, plusieurs fois évoquée par Malraux, celle du corps mort de Nastassia Philippovna par Rogojine dans *L'Idiot* de Dostoïevski, dans le même face à face avec l'Injustifiable, avec l'Innommable.

Malraux a lui-même placé *La Condition humaine* sous le signe de Grünewald et de Dostoïevski[1]. De Grünewald, parce que dans le cadavre verdâtre et tordu du Christ supplicié du retable d'Issenheim se recroqueville et se concentre toute la souffrance du monde ; de Dostoïevski parce que se tient, chez lui, inextricablement, la solitude et la communion, la rédemption et ce que Gisors, au chevet de Kyo, éprouve « comme un miracle de Dieu » (*CH*, p. 314). Le préau de Shanghai où Souen

1. Lettre à Raymond Aron, *Commentaire*, p. 291.

attend d'être « brûlé. Brûlé vif. Les yeux les yeux aussi, tu comprends » (*CH*, p. 306) est le Golgotha d'hommes, simplement d'hommes. Et cette ville brumeuse où Tchen regarde « toutes ces ombres qui coulaient sans bruit vers le fleuve, d'un mouvement inexplicable et constant » (*CH*, p. 234) n'est pas loin de la « misérable foule emmitouflée que fendent de leur course méditative les assassins de Dostoïevski » (*NA*, p. 124). C'est la ville de l'irréductible et insondable énigme.

UN ACCENT PASCALIEN

Une Énigme qui, pour Pascal, n'était pas seulement celle de la souffrance et du mal, mais surtout celle du caractère limité et éphémère de leur existence. Que l'homme est mortel, voilà, pour lui, la seule, la vraie question, tout le reste en découle. Cette interrogation, il l'amplifie jusqu'à la vision : « Qu'on s'imagine un nombre d'hommes dans les chaînes et tous condamnés à la mort, dont les uns étant chaque jour égorgés à la vue des autres, ceux qui restent voient leur propre condition dans celle de leurs semblables, et, se regardant les uns et les autres avec douleur et sans espérance, attendent à leur tour. C'est l'image de la condition des hommes[1]. » Les communistes entassés dans le préau de l'école désaffectée qui attendent d'être brûlés

1. Pascal, *Pensée* 199.

vifs dans une chaudière de locomotive ont été — le fait n'est, hélas, qu'historiquement trop vrai — la réalisation en notre siècle de cette vision, en attendant bien d'autres fournées dans bien d'autres abattoirs humains. La scène capitale du roman rencontre donc la méditation pascalienne, tout en lui apportant son titre. Titre général, abstrait, ambitieux même, si l'on en juge par la difficulté qu'il présente à la traduction — c'est ainsi que deux versions allemandes du roman ont reçu pour intitulé « Ainsi vit l'homme » et « Conditio Humana ». Il n'est tout de même pas isolé en cet âge du « roman métaphysique » que fut, selon Ernst Jünger, la première moitié du XXᵉ siècle : précédé par *A la recherche du temps perdu* de Proust et *La Joie* de Bernanos, suivi par *La Nausée* de Sartre, *La Puissance et la Gloire* de Graham Greene, *Heureux les pacifiques* d'Abellio ou *La Chute* de Camus. L'expression revient dans le corps du roman, au moment des débats philosophiques les plus explicites : « Il est très rare, dit Gisors à Ferral, qu'un homme puisse supporter, comment dirais-je ? sa condition d'homme. » Et Gisors de revenir là-dessus quelques instants plus tard : « Peut-être l'amour est-il surtout le moyen qu'emploie l'Occidental pour s'affranchir de sa condition d'homme » (*CH*, p. 228). Ce qui montre que, pour Malraux, la seule interrogation que pose la condition humaine n'est pas son caractère mortel. Elle réside aussi bien dans son caractère énigmatique, voire incompréhensible.

Malraux revient sans cesse,sur cette idée : « J'ai conté jadis l'aventure d'un homme qui ne reconnaît pas sa voix qu'on vient d'enregistrer, parce qu'il l'entend pour la première fois à travers ses oreilles et non plus à travers sa gorge ; et, parce que notre gorge seule nous transmet notre voix intérieure, j'ai appelé ce livre *La Condition humaine*[1]. » Idée qui a été mise en situation dès les premières pages du roman, presque à son ouverture, lorsque Kyo a le sentiment que sa voix a été déformée à l'enregistrement d'un disque qui l'a reproduite et que Lou lui révèle : « On n'a pas l'habitude, voyez-vous, de s'entendre soi-même » (*CH*, p. 21). Un des plus grands mystères est la méconnaissance de soi-même. En cela, Malraux peut encore s'inscrire dans la lignée des moralistes français du XVIIe siècle qui mettent en évidence, de Pascal à La Rochefoucauld, les « puissances trompeuses », les erreurs que nous commettons à l'égard de notre propre personnalité. Par la suite la méditation va s'élargir encore à nos possibilités insoupçonnées, à l'énigme de notre présence sur la terre et même à l'existence de cette terre. Les virtualités des hommes dépasseront leur finitude et à l'angoisse se substituera le pouvoir d'étonnement.

Malraux écrivait en 1934 à Gaëtan Picon à propos de *La Condition hu-*

1. Malraux, *Les Voix du silence*, p. 628.

maine : « L'essentiel est évidemment ce que vous appelez l'élément pascalien[1]. » Tous deux vont à l'essentiel. Tous deux ne se sentent vraiment concernés que par ce que Malraux appellera, dans *L'Espoir*, « le fondamental ». Mais Malraux ne se lance pas dans le même pari que Pascal. S'il partage certaines de ses interrogations, il ne peut, ni à l'époque de *La Condition humaine* ni plus tard, souscrire à ses réponses.

CONRAD, L'AVENTURIER DE LA MATURITÉ

Un dernier « grand intercesseur » a précédé et accompagné Malraux vers l'Asie : Joseph Conrad. La romanesque incursion dans les profondeurs de la forêt tropicale à la recherche des sanctuaires bouddhiques enfouis dans la végétation, c'est en partie la remontée du Congo dans *Cœur des ténèbres* qui l'a inspirée — « on lit toujours trop », commente Clara Malraux — et, dans *La Voie royale*, Claude Vannec et Perken s'enfoncent progressivement dans l'horreur à travers la jungle laotienne comme l'expédition partie à la recherche de Kurtz à travers une Afrique torpide et maléfique. « L'Afrique, dira plus tard Malraux dans *Les Noyers de l'Altenburg*, [...] l'heure où toute réflexion devient hébétude, la morne poussée des arbres géants dans l'ennui préhistorique » (*NA*, p. 149). De Conrad, dans ses premiers romans, Malraux était proche par ses figures de coureurs d'aventure désenchantés, usés par la maladie, mais toujours préoccupés dans « ces voyages qu'on dirait faits pour illustrer la vie même, et qui peuvent servir de symboles même, et qui peuvent servir de symboles à l'existence[1] » de garder leur tenue morale et leur hautaine distance. *La Condition humaine* garde-t-elle quelque parenté avec Conrad, alors que ce roman sonne le glas des conquérants solitaires ? Il reste quelques traces de cet ancien compagnonnage : l'art de créer un climat à partir de quelques esquisses d'une sobre netteté. « Il y a une atmosphère d'Asie — quelques paillotes avec leur temple barbare sur la rive d'un fleuve immense et morne — à partir de laquelle le talent de Conrad semble tout à coup se déployer[2] » ; à quoi fait écho, dans *La Condition humaine*, au cours de la remontée du fleuve par Kyo vers Han-Kéou, l'éclat d'un soir qui luit « faiblement au fond d'une arche énorme que surmontait une pagode rongée de lierre déjà noir » (*CH*, p. 134) ou le souvenir de Gisors d'un après-midi de septembre où, « depuis les cornes vermoulues d'un pavillon abandonné jusqu'à l'horizon magnifique et morne, ne lui parvenait plus qu'un monde pénétré d'une mélancolie solennelle » (*CH*, p.72). Mais, aussi par-delà les lieux, les personnages de terroristes que l'ancien sujet du tsar Conrad, hanté par les nihilistes russes,

1. Joseph Conrad, *Jeunesse suivi de Cœur des ténèbres*, p. 16.

2. Malraux, *Les Voix du silence*, p. 352.

anime dans *L'Agent secret* et *Sous les yeux d'Occident,* préfigurent Tchen dans son mélange de honte, de sentiment de déchéance et de sombre orgueil destructeur. Surtout, Malraux, à trente-deux ans, fait le point et se rend compte que le temps de l'aventure juvénile et romanesque est passé. Il a désormais du personnage de *La Ligne d'ombre,* la maîtrise de soi, la gravité, la conscience de ses responsabilités. Aurait-il franchi « la ligne d'ombre » qui sépare la jeunesse de la maturité ?

III *LA CONDITION HUMAINE*, UN « ROMAN D'IDÉES » ?

Peut-être Malraux n'a-t-il pas encore passé ce seuil : l'apprentissage de vraies responsabilités politiques dans la lutte antifasciste, l'expérience de l'organisation et du commandement pendant la guerre d'Espagne, l'approfondissement de sa réflexion sur l'Art et sur la Transcendance se chargent par la suite de lui faire franchir ce cap. Pour l'heure, il est indéniablement passé de l'adolescence (qui, pour les Romains, durait jusqu'à vingt-cinq ans) à la jeunesse (qui, en latin, s'étend jusqu'à l'âge de quarante-cinq ans). A l'époque de *La Condition humaine*, la part du jeu — dirais-je aussi du « je » ? — est moins prépondérante en lui. Il jure moins d'éblouir et de s'éblouir. Et — cela va de pair — il commence à s'éloigner de ce que Gisors, à propos de Tchen, appelle « l'intellectualité fanatique de l'adolescence » (*CH*, p. 330). Si les idées resteront pour lui, toute sa vie, aussi réelles que les êtres, au moins prête-t-il désormais autant d'attention à ces derniers. Or, lorsqu'on vient à comparer son premier essai, *La Tentation de l'Occident*, écrit fiévreusement en grande partie dans le salon de la deuxième classe du bateau qui le ramenait d'Indochine en Europe, et paru sous forme de « roman par lettres » en 1926, il saute aux yeux que cet ouvrage constitue comme le moule du roman. Cet échange fictif de correspondance entre un jeune Français en voyage en Chine désigné par les initiales de A.D. et un jeune Chinois en voyages en Europe, appelé Ling, lance quelques-uns des motifs majeurs de *La Condition humaine*. Certains des personnages — Tchen parmi les Orientaux, Ferral, Clappique, Gisors parmi les Occidentaux, tandis que Kyo tient des uns et des autres — pourraient même, à première vue, sembler, sinon l'habillement, du moins l'incarnation d'idées de Malraux qui leur préexistent. Il est certes hors de question de considérer *La Condition humaine* comme un « roman à thèse » : il n'a pas de ce genre l'ordonnancement démonstratif et didactique, la rigidité déductive et sa conclusion « ouverte » ne se réduit pas au déploiement de ses prémisses. Mais s'agirait-il, comme beaucoup d'œuvres qui lui sont contemporaines, d'un « roman d'idées » ?

Gide, dans un célèbre développement des *Faux-Monnayeurs*, défriche le champ de ce qu'un « roman d'idées » pourrait être :

« Ne craignez-vous pas, en quittant la réalité, de vous égarer dans des régions mortellement abstraites, et de faire un roman, non d'êtres vivants, mais d'idées ? demanda Sophroniska craintivement.

— Et quant cela serait ! cria Édouard avec un redoublement de vigueur... En guise de roman d'idées, on ne nous a servi jusqu'à présent que d'exécrables romans à thèse. Mais il ne s'agit pas de cela, vous pensez bien. Les idées..., les idées, je vous l'avoue, m'intéressent plus que les hommes ; m'intéressent par-dessus tout. Elles vivent ; elles combattent ; elles agonisent comme les hommes, de même que nous n'avons connaissance du vent que par les roseaux qu'il incline ; mais tout de même le vent importe plus que les roseaux.

— Le vent existe indépendamment des roseaux, hasarda Bernard.

Son intervention fit rebondir Édouard qui l'attendait depuis longtemps :

— Oui, je sais : les idées n'existent que par les hommes ; mais, c'est bien là le pathétique : elles vivent aux dépens d'eux[1]. »

1. Gide, *Les Faux-Monnayeurs*, in *Romans, récits et soties*, p. 1083-1084.

Malraux était un passionné d'idées et de débats d'idées au moins autant que son ami Gide, son interlocuteur en d'interminables joutes, au même titre que ses

« Deux pipes. Jadis, dès que son avidité commençait à s'assouvir, il regardait les êtres
avec bienveillance, et le monde comme une infinité de possibles. »
Fumeurs d'opium en Chine. Ph. Archives Snark-Edimedia.

autres familiers Groethuysen, Berl ou Drieu la Rochelle — les discussions avec Malraux duraient aussi longtemps que dans les romans russes, des nuits entières. Aurait-il mis en scène, dans *La Condition humaine*, à travers des Européens et des Chinois, en fait ses vues sur l'Occident et l'Orient, sur leur confrontation, sur leurs évolutions symétriques et leurs interférences à son époque ? Ce pouvait être sa tentation, comme ce serait celle de son lecteur.

LA TENTATION DE L'OCCIDENT, MOULE DE *LA CONDITION HUMAINE* ?

Au cours de leurs voyages croisés, A.D. et Ling marquent d'abord les oppositions traditionnelles entre leurs deux civilisations. Selon Ling, l'Europe attire davantage par sa pensée que par ses formes raides, géométriques. C'est que l'âme de l'Europe est « la création, sans cesse renouvelée par l'action, d'un monde destiné à l'action » (*TO*, p. 64). Cette activité inlassable est liée à une intense souffrance, « toute l'intensité de l'amour se concentre sur un corps supplicié » (*TO*, p. 65). Les Occidentaux, toujours tendus vers un objectif, se confondent avec leurs actions. Aussi leur univers est-il chargé d'angoisse et la mort est pour eux le symbole de l'épouvante, ce qui fait contraste avec la tendresse grave de l'Orient pour ses morts.

L'art oriental est un art de sérénité. Les Occidentaux ne peuvent concevoir de la vie que des fragments. Ils ont perdu la proximité avec les choses, ils les transforment sans cesse en objets modelés par leur volonté. Les Grecs, les Romains ont cru l'Homme distinct du monde, le christianisme a ajouté à cette séparation une violence tension. Aussi la religion est-elle, chez les Occidentaux, liée à la souffrance, les passions désagrègent les hommes passionnés en désaccord avec le monde, alors que, chez les Orientaux, dans leur acceptation du rythme et du temps, l'Homme est en accord avec le monde dans son ensemble.

A.D. nuance les affirmations de Ling : si les Occidentaux accordent à leur réalité une importance excessive, c'est pour eux un moyen de défense contre la puissance immense, en eux, du rêve. C'est pourquoi ils attachent tant d'importance à ce qu'ils appellent la psychologie : c'est un moyen pour eux de se rassurer. Les romans occidentaux sont « une rêverie demandant à l'intelligence les moyens de faire accepter sa folie » (*TO*, p. 81), « une démence qui se contemple » (*TO*, p. 81). Plus tard, dans un article qu'il consacre à Laclos, Malraux dira des *Liaisons dangereuses* qu'il s'agit « d'une psychologie au service d'une mythologie ». En tout cas, si les Occidentaux cherchent avant tout à être quelqu'un de singulier, de différent, c'est pour compenser le « désordre fondamental » qu'ils éprouvent en eux-mêmes.

A.D. vient de définir la vie occidentale « le mouvement dans le rêve ». Ling lui répond : pour l'Oriental, c'est « le calme dans le rêve ». Il ne cherche pas à prendre conscience de lui-même en tant qu'individu, mais à adhérer, par la sensibilité, à un esprit qui les dépasse de toute part. Alors que l'Occidental veut apporter le monde à l'Homme, l'Oriental propose l'Homme en offrande au monde. Dans la perte de toute conscience, il recherche la communion avec le principe.

A ce point de leur échange, A.D. et Ling se livrent à un parallèle somme toute classique. A la même époque, un grand débat, dans les colonnes des revues, s'était manifesté autour de l'essai d'Henri Massis, *Défense de l'Occident.* Massis dénonçait dans la vogue des mystiques orientales — chez Romain Rolland, Hermann Hesse, Keyserling, par exemple — « l'illusion d'une religiosité sans contrainte, d'une contemplation sans vertus héroïques, une sorte de dilettantisme de la foi chez ceux qui gardent un besoin émotionnel de croire[1] ». L'Orient absorbe l'Homme dans la Nature, il fait s'évanouir dans le Tout, l'Asie « satisfait [...] à un certain goût de se défaire et comme à un besoin de se perdre[2] ». En revanche, l'Occidental refuse d'être une simple dépendance de la Nature ; il a voulu être une personne humaine à la destinée unique, qui ne se réincarne ni se dissout dans le Nirvana.

1. Henri Massis, *Défense de l'Occident,* p. 133.

2. *Ibid.,* p. 136.

Une personne qui établit en elle-même une hiérarchie entre ses éléments constitutifs, qui subordonne ses états confus à l'intelligence dominatrice du sensible, qui opère des choix. Une personne qui affirme des contours nets et ne se défait pas dans la fluidité. Une personnalité qui propose à la volonté le perfectionnement humain.

Les analyses de Malraux et de Massis ne diffèrent pas jusqu'ici fondamentalement, sinon qu'elles prennent dans *Défense de l'Occident* la forme définitive et agressive de l'écrit de combat, alors que *La Tentation de l'Occident* ne prétend pas établir de classement entre les deux civilisations, valoriser l'une aux dépens de l'autre. L'élément original de la réflexion de Malraux, c'est le retournement, le coup de théâtre qui s'opère à la fin de son essai : Ling constate que, pour les Occidentaux, l'Homme est mort après Dieu et « Vous cherchez avec angoisse celui à qui vous pourriez confier son étrange héritage » (*TO*, p. 100). Au contact de l'Orient, l'Occident a perdu sa foi en un Homme distinct, personnel, origine et gardien de toutes les valeurs. Les deux civilisations se contaminent et se détruisent au contact l'une de l'autre : l'Occident emprunte à l'Orient sa passivité et l'Orient emprunte à l'Occident son activisme. L'Europe se laisse aller, elle baisse les bras, elle est envahie par un sentiment d'« à quoi bon ? ». L'Asie emprunte à l'Europe ses œuvres pour mieux se retourner contre elle, mais sans plus s'appuyer sur un système de valeurs ou une conception de la vie. L'Europe tourne au découragement, au fatalisme, et l'Asie à la haine. Dans les deux cas, un univers se désagrège. Nous connaissons les mensonges de tous les idéaux, mais nous ne connaissons pas la vérité. De son côté, l'Orient sait que la culture européenne lui est nécessaire, mais il la méprise. Aussi, les deux mondes se trouvent-ils en porte à faux sans plus rien qui les soutienne et qui les fonde.

De cet affrontement simultané de deux antiques conceptions du monde, les personnages de *La Condition humaine* ne seraient-ils pas l'illustration? Tchen, perdu dans son activisme nihiliste désespéré, représente « ce furieux désir de destruction [...] de jeunes gens exaspérés par une vie et par une pensée qui ne peuvent plus montrer que leur réciproque absurdité » (*TO*, p. 103). Il est l'Oriental occidentalisé. Ferral, enfermé dans sa volonté de puissance qui n'étreint que le vide, Clappique dans sa mythomanie d'homme abandonné aux puissances du rêve qu'il n'arrive plus à distinguer de la réalité, représente la crise en profondeur de l'Occident. Quant à Gisors, dans son infinie lassitude, son indulgente sympathie pour les êtres et les choses, son abandon à un monde dans lequel il rêve de se dissoudre, il réunit les traits d'un Occidental orientalisé qui, à travers l'opium, aspire au néant. Si Tchen est détruit par la tentation de l'Orient, Ferral, Clappique et Gisors sont bien minés par la tentation de l'Occident. Mais, à la différence de Tchen, peut-être les deux derniers entrevoient-ils un Salut.

TENTATION DE L'ORIENT, OU TENTATION INTELLECTUALISTE DE MALRAUX?

« J'ai pris soin de dire que Tchen n'était chinois que comme un négatif photographique représente une personne. Ce type de Shanghai a cessé d'être chinois (" la plupart de ces hommes ne savent pas lire des caractères[1] "). » Tchen revendique pourtant son origine « avec rancune », mais Gisors pense que « Tchen n'appartenait plus à la Chine, même par la façon dont il l'avait quittée : une liberté totale, quasi inhumaine, le livrait totalement aux idées » (*CH*, p. 62). Par son éducation en effet, il se sépare de ses compatriotes : cet orphelin vient d'un collège luthérien où il a été l'élève du pasteur Smithson qui l'a élevé dans la terreur de la déchéance et de la souillure qu'apporte le péché, terreur qui, par rapport à la bonté de Dieu, peut s'avérer un nouveau péché, révélateur de la faiblesse de l'espoir (*CH*, p. 65-66). Est-il étonnant que ce protestant qui vit sa Foi dans « la crainte et le tremble-

1. Malraux, lettre à Edmond Jaloux, 7 janvier 1934, in Christiane Moatti, *La Condition humaine d'André Malraux*, p. 42.

ment » ait nourri en son élève une angoisse kierkegaardienne que la charité ne « suffit pas à épuiser » ? Aussi quand Tchen étudiant à l'université de Pékin perd peu à peu la foi chrétienne, il ne trouve pas pour autant la sérénité. Smithson l'a habitué « à se séparer du monde au lieu de se soumettre à lui » (*CH*, p. 67) — caractéristique, nous l'avons vu, de l'Occident. Tchen est détaché de la Chine sans pour autant s'intégrer dans la religion et les philosophies fondatrices de l'Occident. Tchen est détaché de la Chine sans pour autant s'intégrer dans la religion et les philosophies fondatrices de l'Occident. Il vit désormais dans un grand vide que seule son obsession de l'action pour elle-même essaiera de combler. Mais il ne peut s'insérer vraiment dans une action collective (*CH*, p. 91). La solitude face à la mort qu'il donne — le meurtre, l'attentat — ou qu'il recevra, voilà en effet sa fatalité. Déraciné, désencadré, marqué à la fois par une exigence spirituelle d'une rigueur extrême et par le rejet de la foi qui le fonderait et lui donnerait substance, Tchen ne peut que glisser vers le terrorisme. Il exprime dans la destruction son besoin d'Absolu. « Que faire d'une âme s'il n'y a ni Dieu ni Christ ? » (*CH*, p. 67). Elle ne peut plus être consacrée qu'à l'héroïsme du « desperado ».

En cela Tchen est frère des nihilistes européens dont Malraux, en 1927, dans *D'une jeunesse européenne,* détectait la crise : « Cette jeunesse éparse sur toutes les terres d'Europe [...], que voyons-nous en elle ? La volonté lucide de montrer ses combats à défaut d'une doctrine ; et il n'y a là que faiblesse et que crainte. Notre époque [...] ne veut pas avouer sa pensée nihiliste, destructrice, foncièrement négative[1]. » Il est très proche aussi des terroristes des dernières décennies du siècle et sa complexe personnalité apparaît à la fois plus plausible et plus contemporaine de notre époque que celle des militants communistes du roman. Tchen est peut-être même plus inséré dans notre actualité que dans celle de 1933. S'agit-il, pour Malraux, d'un représentant d'une jeunesse qui, un peu partout dans le monde, vit dans la tension et la fureur une crise universelle des valeurs ? Sans aucun doute. Mais il reste un de ces Asiatiques qui, comme le dit Wang-Loh dans *La Tentation de l'Occident*, ont « pris les vêtements d'une Europe qui [...], sans les séduire, les pénètre et ne parvient qu'à leur rendre sensible — comme sa force — le néant de toute pensée » (*TO*, p. 103). « L'état de nos meilleurs esprits que l'Europe conquiert et dégoûte à la fois, voilà ce qui compte aujourd'hui en Chine » (*TO*, p. 101).

Les qualificatifs de « déraciné », de « désencadré » qui caractérisent Tchen n'évoquent-ils pas un écrivain qui pourrait sembler ici inattendu, mais qui fut une des premières admirations de Mal-

1. Malraux, *D'une jeunesse européenne, Écrits*, p. 148.

raux, comme de presque toute sa génération (y compris Breton, Aragon et Nizan) : Maurice Barrès ? Comme l'auteur des *Déracinés*, Malraux reconstitue ici avec une minutie chez lui assez rare une évolution, à partir des déterminations mises en évidence par la méthode de Taine de l'origine nationale, du milieu, du moment. Cette « étude de psychologie contemporaine », pour reprendre un titre de Bourget, a la rigueur analytique, mais aussi la raideur des constructions par trop intellectuelles. Tchen déconcerte : à la fois représentatif du désarroi des jeunes gens du début des années trente et des jeunes Asiatiques occidentaux, il apparaît comme une enclave des romans des deux dernières décennies du XIXe siècle. Peut-être Malraux était-il peu en phase aussi bien avec le nihilisme qui n'est vraiment pas son fait qu'avec les mécanismes mentaux d'un Extrême-Orient qui lui est moins familier qu'on ne croit. Aussi procède-t-il, avec Tchen, plus par déduction que par intuition. Dirons-nous qu'« il veut exprimer des idées » et que « chez lui l'idée précède toujours son incarnation[1] » ? Ce serait sans doute trop généraliser. Ferral apparaîtra peut-être encore comme le pendant occidental de Tchen, mais non Clappique et Gisors. Ils n'apparaîtront pas comme des êtres de raison, mais comme des créations de l'imaginaire de Malraux. Ces deux rêveurs de leur vie ont sans doute plus d'affinités avec le profond de lui-même.

1. Carduner, *La Création romanesque chez Malraux*, p. II.

72

On pense à ce que dit Barrès de Stendhal : « Si j'aime Stendhal, c'est parce qu'il transpose les gestes de la vie réelle dans des régions imaginaires. Son Julien Sorel est un mauvais garçon, c'est possible, mais il vit dans les idées ; son Mosca, son Fabrice filent dans la musique[1]. » Tchen vit, tel Julien Sorel peut-être son lointain affidé, dans les idées qu'il cherche, sans doute en se donnant le change, à transmuer en action. Gisors, ce sage semblable, en plus douloureux, à Mosca dans sa « bienveillante indifférence », Clappique l'incomparable, l'irréductible, filent, pour leur part, dans la poésie.

1. Barrès, *Mes cahiers*, p. 14.

CLAPPIQUE ET GISORS OU LA TENTATION DE L'OCCIDENT : LA PART DU RÊVE

Gisors et Clappique ont ceci de commun qu'ils ont abaissé les digues élevées avec tant de constance par l'Occident entre le conscient et l'inconscient, entre le songe et la veille. En cinq boulettes d'opium, la dose à laquelle il se tient depuis des années, Gisors ne cherche pas une fuite, mais une délivrance (*CH*, p. 71). Ne lui parvient plus qu'un « monde pénétré d'une mélancolie solennelle ». Tout l'effort obstiné de sa civilisation tendait à la destruction, à la séparation. Tel Aschenbach qui, dans *La Mort à Venise* de Thomas Mann, renonçait, en cette tête de pont de l'Orient, à se faire violence à lui-même, à se construire, sans cesse, selon le modèle goethéen, une personnalité singulière à force de choix et de sacrifices réitérés, Gisors abolit les limites entre le Moi et le monde, entre les états supérieurs exaltés et les états inférieurs brimés de sa conscience. Et il s'en trouve bien, « dans un accablement sans amertume, amené par l'opium à une pureté suprême » (*CH*, p. 72).

Gisors cède à la tentation majeure de l'Occident : ne plus s'opposer à ces puissances du rêve que les Européens avaient, avec tant de persévérance, cherché à contenir. Du coup, il renonce à ce qui apparaissait aux hommes de sa civilisation le bien le plus précieux, « le suprême bonheur, selon Goethe, des enfants de la terre » : sa personnalité singulière, son Moi. Malraux, dans un article de présentation de *La Tentation de l'Occident*, formulait déjà ce rejet avec vigueur : « Toute la passion du XIXᵉ siècle, attaché à l'homme, s'épanouit dans l'affirmation véhémente de l'éminence du Moi. Eh bien ! cet homme et le Moi, édifiés sur tant de ruines, et qui nous dominent encore, que nous le voulions ou non, ne nous intéressent pas[1]. »

1. Malraux, *Les Nouvelles littéraires*, 31 juillet 1926, p. 2.

Suivre la pente de la rêverie et se délivrer de la souffrance qu'impose le raidissement culturel du Moi vont ainsi de pair. Mais Gisors — et on pourrait faire, à propos de Clappique dont nous chercherons plus loin à évoquer la fantaisie et l'imaginaire, un constat analogue — n'est pas, à la différence peut-être de Tchen, l'illustration d'une idée. A travers eux, Malraux desserre sa propre sensibilité bridée ; il donne, au contact de l'Asie, libre cours à certains de ses possibles : le goût de la contemplation, le pouvoir de sympathie pour les êtres qui va jusqu'à la sympathie universelle. Il est alors proche de Gisors et de Clappique qui, pendant une halte dans l'action qui bientôt va reprendre sa course folle, se laissent gagner par la sérénité des lavis du peintre japonais Kama : « Feux perdus dans la montagne, rues de villages que dissolvait la pluie, vols d'échassiers sur la neige, tout ce monde où la mélancolie préparait au bonheur » (*CH*, p. 189). Bonheur dont il pressent parfois qu'il est le Salut auquel il tend, en tout cas la solitude dépassée. Dans les *Noyers de l'Altenburg*, plus tard, Vincent Berger a cette réaction révélatrice de ses profondeurs dans sa rage, devant les possibilités perdues : « Le sens de la vie était le bonheur et il s'était occupé, crétin ! d'autre chose que d'être heureux. » (*N.A.*, p. 245).

Ce bonheur n'est, dans *La Condition humaine*, qu'entrevu, et pendant des instants très éphémères. Les personnages occidentaux restent tous sur le seuil. Tout de suite après l'évocation des peintures de Kama, « Clappique imaginait, hélas ! sans peine, les paradis à la porte desquels il devait rester, mais s'irritait de leur existence » (*CH*, p. 189). Ce qui importe, c'est que, pendant ces moments de grâce, il s'impose comme une présence. Une présence qui déborde de toute part les interprétations, et plus encore les idéologies. Malraux met en évidence des signes dont le déchiffrement reste suspendu. Il ne se contente plus de mettre en scène des idées, il donne à voir le monde dans son évidence sensible et il donne corps à ses aspirations et à ses fantasmes.

IV D'UN ROMAN D'ADOLESCENT À UN ROMAN DE JEUNE HOMME : LA MATURATION D'UN ART

DU ROMAN D'AVENTURES FONCTIONNEL AU ROMAN POLYPHONIQUE

La Condition humaine ne saurait être réduit à un « roman d'idées », si importante et tangible soit l'explication des grands motifs d'un essai tel que *La Tentation de l'Occident*. Par rapport aux œuvres de fiction précédentes de Malraux, *La Condition humaine* marque également, sinon une rupture, en tout cas un élargissement et un saut. *Les Conquérants* représentaient, dans leur facture, la perfection du roman d'aventures. Les éléments traditionnels de la construction romanesque y sont portés à leur plus extrême rigueur. Tout y est « fonctionnel » parce que tout concourt à tracer une ligne romanesque simple : une seule histoire est racontée d'un seul point de vue autour d'un seul personnage central et suivant un seul mode de conduite du récit. Les digressions sont systématiquement éliminées. Le narrateur, au même titre que ses personnages, recherche, avant tout, l'efficacité.

Ce roman ascétique, tout en muscles et en mouvement, apparaît comme l'accomplissement de ce « roman d'aventures » que Jacques Rivière, dès 1913, appelait de ses vœux : « La parfaite actualisation d'un roman, c'est sa parfaite activité. Quand il est en acte, c'est qu'il n'est plus composé que d'actions. Plus aucune place pour le rêve ni pour les décors immobiles : tous les éléments travaillent. L'œuvre est pareille à ces machines où rien ne dort et qui, sitôt qu'elles sont en marche, semblent n'être plus faites, au lieu de matière, que d'innombrables fonctions[1]. »

1. Jacques Rivière, *Nouvelles Études*, p. 236-265.

Dès *Les Conquérants*, Malraux semble ainsi en parfaite possession de ses moyens de romancier. Infiniment plus foisonnant que *Les Conquérants* apparaît *La Condition humaine*. Davantage de

1

2

La salle aux phénix.
1. Décors de dragons et
de phénix entrelacés.
2. Détail d'un pilier de sépulture :
Phénix. Époque Hans orientaux.
3. Décor de vase : Phénix
dans des nuages et des fleurs.
Chine du Nord XIVe siècle.
Musée Guimet, Paris. Ph. R.M.N.

3

personnages qui étendent considérablement le registre de l'œuvre et ses résonances. Des points de vue multiples parfois s'entrecroisent, parfois même ne se recoupent ni ne se rencontrent même pas. Selon les canons d'une esthétique traditionnelle du roman, *La Condition humaine* semble plus touffue, certains lecteurs diront même que Malraux s'agite dans tous les sens. Drieu la Rochelle expose, sans la reprendre à son compte, une critique fréquemment adressée à l'ouvrage : « Il n'y a pas de conflit entre ses personnages qui les fasse converger les uns vers les autres et s'illuminer les uns les autres par les étincelles que produirait leur choc. Parmi les communistes, les tendances divergentes [...] les éloignent plutôt qu'elles ne les opposent. Et il n'y a point de rencontre entre Ferral, le représentant du capitalisme, et les communistes[1]. » Les personnages sont ainsi dispersés plus que confrontés. Comment construire un roman à partir de personnages solitaires, murés dans leur nihilisme comme Tchen, leur volonté de puissance et leur érotisme comme Ferral, leur mythomanie comme Clappique, leurs songes comme Gisors, leur humiliation comme Hemmelrich ou König ? Comment éviter la simple juxtaposition de ces solitudes ?

De surcroît, Drieu pose une deuxième question qui pourrait en effet grever au départ toute la construction du livre : « Malraux nous fait assister à une défaite

1. Drieu la Rochelle, *Sur les écrivains*, p. 286.

La tuile faîtière, époque des Hans occidentaux. Musée Guimet, Paris. Ph. R.M.N.

[...]. Or, c'est un tour de force que de passionner le lecteur pour quelque chose qui commence à se défaire presque au début d'un livre et qui va se défaisant de plus en plus. On vient à un livre avec de l'espoir et il est dur de perdre tout de suite l'espoir qu'on a pu mettre dans un héros ou un groupe de héros. » La gradation d'action qui constituait la trame dynamique des *Conquérants*, récit d'une victoire, n'est plus de mise dans l'histoire d'une désagrégation. La conduite du récit ne peut plus être linéaire. S'il n'y a plus, à la différence des *Conquérants*, ni personnage central, ni point de vue unique, ni gradation d'action, comment ce roman peut-il échapper à l'éparpillement, comment peut-il « tenir » ?

En fait, pendant les cinq années qui séparent *La Condition humaine* des *Conquérants*, la technique du genre romanesque a connu une mutation dans laquelle Malraux s'inscrit. Des *Faux-Monnayeurs* au *Voyage au bout de la nuit*, en passant par la diffusion d'*Ulysse* de Joyce, de *La Montagne magique* de Thomas Mann, de *Berlin Alexanderplatz* de Doeblin, de *Contrepoint* d'Aldous Huxley, de *Sanctuaire* de Faulkner, les cadres du roman traditionnel ont éclaté. *Les Conquérants* étaient peut-être l'accomplissement du roman « monophonique ». *La Condition humaine* est passée à l'orchestration polyphonique caractéristique de la révolution romanesque de la charnière des années vingt et des années trente.

Comme le dit Claude-Edmonde Magny, « les scènes sont unies par une convergence esthétique et presque métaphysique plus que par la continuité d'une intrigue d'ailleurs complexe et souvent présentée de façon si elliptique que peu de lecteurs en gardent le souvenir[1] ». Michel Raimond précise : « Dialogue, sensations visuelles, auditives, gestes, tout cela est brutalement et immédiatement proposé au lecteur : à lui de reconstituer la ligne d'un récit suivi [...]. La réalité n'est pas racontée : elle est présentée par bribes, discordante, incertaine, en train de s'accomplir[2]. » Autant dire que le principe de cohérence est d'ordre poétique et métaphysique. Il se fonde davantage sur les relations qu'entretiennent entre eux les thèmes que sur celles qui relient les personnages (encore que la fascination dostoïevskienne de Clappique pour le jeu, l'humiliation passée de König scellent la destinée de Kyo) ; sur la perspective globale vers laquelle tend l'œuvre, son « horizon » que sur l'unité des idées suggérées ou explicitées.

On comprend mieux alors pourquoi Malraux n'a pas cherché à surmonter la dispersion des personnages et des données. Drieu répond lui-même à l'une des objections qu'il avait soulevées : « Cette dispersion des hommes engagés dans une action, c'est bien la réalité. Vous la retrouverez dans tous les livres sur la dernière guerre et dans *Guerre et Paix* de

1. C.-E. Magny, *L'Age du roman américain*, p. 96.

2. Michel Raymond, *Le Roman depuis la Révolution*, p. 205.

Ro-
cit.,

Tolstoï[1]. » Puis, élargissant le point de vue, Drieu montre que l'isolement de chaque homme dans la masse des villes géantes est la forme que revêt le tragique moderne : « Cette absence de conflit, ce décevant et irréductible parallélisme des destinées, cela me semble [...] la forme même du tragique de notre époque. Cette caractéristique imprime sa marque sur deux autres grands romans collectifs de notre temps : *Les Faux-Monnayeurs* de Gide et *Contrepoint* de Huxley. Nous pouvons voir là l'effet de l'atomisme spirituel qui règne dans les grandes villes où une poussière d'individus flotte, se soulevant parfois en gros nuages tragiques mais sans que l'éclair sauveur se produise qui déclenche la pluie et fonde toutes ces particules. C'est sous ce signe de l'atomisme urbain qu'ont été écrites ces œuvres désespérément individuelles et subjectives que sont *Ulysse* de Joyce et le *Voyage au bout de la nuit* de Céline[2]. » Tous les personnages de *La Condition humaine* sont des solitaires, mais au sein d'une grande ville, d'une foule. Aussi leurs destinées sont-elles parallèles et finissent-elles par converger dans un ensemble qui les dépasse et les englobe.

2. *Ibid.*, p. 286-287.

FÉDÉRATION DE DIVERSITÉS ET SIMULTANÉISME

Comment Malraux, dans *La Condition humaine*, parvient-il à exprimer à la fois cette solitude et cette unité ? En nous « faisant voir l'acteur de préférence à travers les personnages et en multipliant les perspectives pour tenter de saisir l'événement dans sa complexité[1] ». Malraux avec une technique différente de celle des *Conquérants,* a renoncé à faire présenter les données par un narrateur qui, tel un montreur d'images, introduit, pondère et commente chaque étape du récit. « De plus en plus, souligne Claude-Edmonde Magny, le narrateur anonyme est éliminé du roman moderne [...]. Dans le roman, chaque scène décrite, comme dans le film chaque image, porte en elle la marque du point de vue d'où elle a été prise [...]. Toute scène romanesque apparaît maintenant aussi essentiellement relative qu'une photographie[2]. » Ce relativisme est mis en évidence par le perpétuel va-et-vient entre les consciences. A quarante reprises au moins, la scène est vue sous un autre regard, comme, dans un film, un champ est délimité par l'œil de la caméra lorsqu'il coïncide avec celui d'un personnage. Dans l'économie de l'œuvre, cette mobilité témoigne de beaucoup de virtuosité. Chaque « plan » se réfère à la fois aux personnages qu'il inclut et à celui qui les fixe. Nous savons donc à la fois ce qu'éprouve l'observateur et le contexte dans lequel il se trouve impliqué. Le lecteur coïncide avec le « milieu intérieur » dans lequel baigne la conscience de celui qui focalise

1. Christiane Moatti, *op. cit.,* p. 85.

2. C.-E. Magny, *op. cit.,* p. 103.

la scène et il prend connaissance de la situation dans laquelle elle se trouve impliquée. Ainsi se trouve dépassée l'opposition traditionnelle entre le récit prétendument objectif qui fournirait des informations et s'efforcerait, du dehors, de mettre en évidence les relations de cause à effet, et le récit à la première personne qui, d'emblée, rattacherait l'histoire au point de vue d'un seul personnage. La scène est perçue toujours du point de vue d'un personnage — et non du point de vue de Dieu ou de Sirius — mais ce point de vue varie, parce qu'il est relatif à plusieurs personnages tout à tour, personnages « en situation ». Malraux est très conscient de ce que cette technique apporte d'agilité à la conduite du récit. Un certain nombre de retouches apportées au manuscrit en témoignent. Ainsi, une servante vient de s'asseoir aux côtés de Clappique. Dans une première version, elle est caractérisée de l'extérieur par le romancier : « Une Flamande solide, de cette catégorie de marchandes de quatre-saisons qu'on est convenu d'appeler des Rubens. » Puis Malraux apporte une correction en attribuant cette comparaison à Clappique lui-même : « une solide servante blonde, libérée, venait de s'asseoir à côté de lui : " Un Rubens, pensa-t-il, mais pas parfait : elle doit être de Jordaens. Pas un mot... " » (*CH*, p. 245)[1]. De même, Malraux ajoute à un récit une réflexion de Tchen qui nous

1. Christiane Moatti, *op. cit.*, p. 86.

fait vivre de l'intérieur l'expérience du combat : « Une nouvelle distribution d'armes commença... (ajout de Malraux) : " En ce moment, pensa Tchen, deux cents groupes, dans la ville, agissent comme nous. S'ils ont autant de chance... " » Ainsi, de manière systématique, Malraux réduit la part des informations et des commentaires apportés par un intervenant extérieur et les attribue à un des personnages. Peu à peu, le roman cesse d'apparaître comme un panorama ou une tapisserie imposés par le romancier lui-même pour se fragmenter en une succession de scènes — sans doute le terme cinématographique de « séquence » serait-il plus adéquat — perçues à travers des consciences.

Le risque n'est-il pas grand de morceler le récit en une juxtaposition de séquences discontinues et de le rendre si hétéroclite qu'il en deviendrait inintelligible ? La réflexion de Malraux sur la technique romanesque est parvenue à maturité. Ce qui le prouve, c'est le soin qu'il apporte à établir la liaison entre les séquences.

La fréquentation des films — en particulier, à l'époque, des films soviétiques — l'a rendu attentif à l'importance du montage. En mai 1934, quelques mois seulement après la parution de *La Condition humaine*, rendant compte d'un roman de Michel Matveev, *Les Traqués,* il constate : « Toute une littérature se constitue actuellement en Europe, de livres dont la valeur n'est plus dans ce que l'auteur ajoute d'expérience, de subtilité ou de qualité à un réel, mais uniquement dans le choix des événements qu'il rapporte. En termes de cinéma, je dirais qu'à côté d'une littérature de photographies commence à se constituer une littérature de montage. C'est celle de pays auxquels une vie particulièrement violente (Russie, Europe centrale, Chine, certaines parties des États-Unis, Espagne bientôt peut-être) donne le tragique à profusion[1]. » Malraux n'y adhère pas pleinement. Le rythme de ces écrits, selon lui, ignore le temps. *Les Traqués* sont « une suite de tableaux coordonnés par une fatalité ». Mais, dans l'instant, ce recours au montage se révèle aigu et efficace : puissance des raccourcis, « intrusion soudaine d'éléments inattendus qui donne aux romans l'étrange indépendance par quoi vit une fiction ». Malraux, pour sa part, écrit un roman qui a la même force, la même évidence que ce type de littérature. *La Condition humaine* consiste également en une succession de séquences. Mais, à la différence de Matveev, ces séquences, Malraux parvient à les coordonner.

1. Malraux, *Les Traqués* de Matveev, in *L'Esprit de la NRF,* p. 966.

UNE TRANSPOSITION DES TECHNIQUES CINÉMATOGRAPHIQUES

D'abord, en tirant parti mieux que le tout-venant de la littérature de montage, des possibilités offertes par la technique cinématographique qu'il transpose habilement dans le roman. Comme un film, le roman est constitué d'une succession de plans. Chaque plan est envisagé sous l'angle de vue d'un personnage avec lequel il coïncide. En même temps, « la pellicule se déroule, nous avançons dans le film. L'histoire d'un même personnage nous est ainsi contée, à mesure que s'oriente sa destinée, sous des incidences différentes[1]. » C'est que nous pouvons passer, avec une grande vélocité, d'un personnage à celui qui le contemple : « L'appareil enregistreur n'est plus fixe, il tourne autour de son objet, il s'en éloigne ou s'en approche. A l'intérieur d'un plan, la caméra peut se déplacer latéralement et filmer le contexte, les alentours de la scène. » Ainsi lorsque Tchen, son meurtre accompli, va retrouver ses amis dans la boutique de Lou-You-Shuen et Hemmelrich : « La porte refermée fit osciller la lampe : les visages disparurent, reparurent : à gauche, tout rond, Lou-You-Shuen ; la tête de boxeur crevé d'Hemmelrich, tondu, nez cassé, épaules creusées. En arrière, dans l'ombre, Katow. A droite, Kyo Gisors ; en passant au-dessus de sa tête, la lampe marqua fortement les coins tombants de sa bouche d'estampe japonaise ; en s'éloignant, elle déplaça les ombres et ce visage métis parut presque européen. Les oscillations de la lampe devinrent de plus en plus courtes : les deux visages de

1. C.-E. Magny, *op. cit.*, p. 91.

Kyo reparurent tour à tour, de moins en moins différents l'un de l'autre » (*CH*, p. 17). Les oscillations de la lampe éclairent les contradictions de Kyo mieux qu'un long portrait psychologique. Nous sommes mis en sa présence. En un instant, les autres révolutionnaires sont là, sans préambule. La caméra se déplace ainsi, avec une grande agilité, à l'intérieur des plans. Tantôt, elle suit un personnage dans sa marche, procédé analogue au travelling, par exemple lorsque Ferral, en voiture, longe un cortège interminable de grévistes et se rend compte ainsi de la gravité de la situation (*CH*, p. 79). Tantôt, elle pénètre de plus en plus profondément à l'intérieur d'un lieu, par exemple lorsque nous explorons avec elle le préau dans lequel sont rassemblés les condamnés (*CH*, p. 296), procédé analogue à celui de l'utilisation de la profondeur de champ. Parfois aussi elle s'élève progressivement et nous fait embrasser d'un regard un vaste espace : ainsi, lorsque Gisors contemple à ses pieds, au cours de l'épilogue, « l'éblouissement du printemps japonais » et le travail des hommes (*CH*, p. 334), procédé semblable à celui du plan panoramique.

La caméra ne se déplace pas seulement à l'intérieur d'un plan, mais « d'une section de l'ouvrage à l'autre[1] ». D'où l'importance capitale des procédés de liaison. Cinq de ces procédés, au moins, reprennent à l'art du cinéma son

1. *Ibid.*, p. 94.

bien : l'ellipse ou « montage cut » ; la surimpression ; le fondu enchaîné ; le montage par analogie ; le « crossing-up » qui aboutit à un montage alterné. *Le montage cut* — nous préférons ce terme technique à celui plus couramment employé d'ellipse — consiste en un passage sans transition d'un personnage et d'un lieu à un autre. Ainsi, dans la quatrième partie du roman, on quitte tout d'un coup Clappique pour passer à Tchen (*CH*, p. 165). Vingt-deux pages plus loin, on quitte tout aussi brusquement Tchen pour retrouver Clappique (*CH*, p. 187). Ce procédé introduit une coupure dans le récit, souvent une rupture inattendue de son rythme : ainsi, après la succession trépidante des faits dans lesquels Tchen s'était trouvé puis dans l'attente de la voiture de Chang-Kaï-Shek tandis que la situation changeait de seconde en seconde, la cadence se ralentit et nous entrons dans un des épisodes les plus contemplatifs du roman, celui de la conversation sereine avec le peintre Kama. *La surimpression* instaure au contraire une continuité : une image mentale — souvenir, rêverie — se superpose à la représentation des personnages et des lieux présents. Gisors, tout en débattant d'idées avec Ferral, voit des personnages absents : « Sous ses paroles, un contre-courant confus et cadré de figures glissait : Tchen et le meurtre, Clappique et sa folie, Katow et la révolution, May et l'amour, lui-même et l'opium... Kyo seul, pour lui, résistait à ces domaines » (*CH*, p. 228). Les traces laissées dans la mémoire demeurent, indélébiles, et reviennent envahir la conscience à certains moments de songerie.

Le fondu enchaîné est une surimpression qui se prolonge et finit par devenir plus précise que l'image à laquelle elle était superposée. La surimpression, d'abord floue, gagne de plus en plus en netteté ; en revanche, l'image précédente, d'abord la plus nette, devient de plus en plus floue. Ainsi, à la différence du montage cut, les transitions sont-elles ménagées, on glisse d'une représentation dans la conscience à son accomplissement tangible. Ainsi Valérie dort aux côtés de Ferral : « Le canon, de nouveau ; le train blindé recommençait à tirer. » Tout de suite après, ce train auquel Ferral pense se matérialise : « D'un magasin d'horloger transformé en permanence, Kyo observait le train blindé » (*CH*, p. 122). « La ville entière était à l'affût », c'est ainsi que se termine, dans la deuxième partie, une longue séquence consacrée à Ferral, à ses faits et gestes, à ses pensées. Tout de suite après, Tchen et son groupe d'assaut attendent ; ils sont réellement à l'affût (*CH*, p. 90). Situation symétrique : un personnage se rend chez un autre et pense à lui ; tout de suite, on pénètre dans la conscience de ce personnage : ainsi Tchen, après l'échec de sa première tentative d'attentat, arrive chez Hemmelrich. Aussitôt, nous partageons les angoisses d'Hemmelrich pour son enfant (*CH*, p. 177). Ce procédé de liaison abolit la distinction entre l'objet et le sujet, il crée un « continuum » où les consciences s'interpénètrent et se rejoignent, où les représentations se concrétisent, comme par magie, en faits. Il unifie là où le montage cut séparait et brisait.

Plus hallucinant encore est le procédé du *montage analogique*. Il consiste à expliciter un rapprochement jusque-là implicite, à susciter la présence de ce qui n'était jusque-là qu'une comparaison ou un fantasme. Ainsi Ferral vient de s'allonger auprès d'une courtisane sous une peinture thibétaine qui représente des squelettes en train de s'éteindre (*CH*, p. 233). Et voici qu'aussitôt après, nous voyons Tchen attendre « dans la nuit désolée de la Chine des rizières et des marais », une bombe sous le bras, la voiture de Chang-Kaï-Shek (*CH*, p. 233). Il ne s'agit pas d'une ellipse, puisqu'il y a analogie entre les deux plans, celle que suscite le thème de la mort. Il ne s'agit pas non plus d'un fondu enchaîné, puisque Tchen que Ferral ne connaît même pas ne hante pas la conscience de ce dernier. Mais le lien qui fait de l'érotisme le signe avant-coureur de la destruction de Tchen l'archange de la mort, aboutit à un triomphe du néant, à une fusion de l'éros et de la pulsion de mort.

Le crossing-up, enfin, consiste à présenter successivement des actions qui se

2

1   3

2. « Dans un quart d'heure, l'insurrection occupera
   la cité chinoise. » Ph. L'Illustration/Sygma.

1. Conflit en Chine 1927 : Shanghai. Ph. L'Illustration/Sygma.

3. « Comment Chang-Kaï-Shek est-il protégé ? »
   1927 : Entrée du général à Han-Kéou. Ph. L'Illustration/Sygma.

déroulent au même moment, mais dans des lieux différents. Ainsi, au début de la cinquième partie, Clappique joue à la roulette, Kyo et May l'attendent au *Black Cat*, Hemmelrich et Katow confrontent leurs informations sur la répression imminente. Ces faits sont simultanés, mais nous en prenons connaissance tour à tour. Il s'agit d'un montage alterné tel que le cinéma en avait depuis plus d'une décennie acquis la maîtrise : ainsi, dans *Intolérance*, de Griffith, assistons-nous tour à tour aux préparatifs de l'exécution d'un jeune homme injustement condamné à la potence et à la course en voiture de son épouse qui apporte la lettre du coupable qui sauvera l'innocent ; dans *Octobre* d'Eisenstein, la séance de nuit du congrès des Soviets se déroule, dans la fumée matérialisée des cigarettes, avec la succession de ses discours, tandis que « pendant ce temps-là, les agitateurs ont déjà pénétré dans les souterrains du palais », siège du gouvernement. Ce procédé permet de déployer l'ensemble des actions de personnages séparés. Les histoires singulières des individus convergent dans l'histoire d'une collectivité. Ainsi, dans *La Condition humaine*, Malraux réalise-t-il l'équivalent de la « Symphonie d'une grande ville » filmée, à la fin du muet, par Walter Ruttmann. Nous participons, avec des personnages principaux, à l'histoire d'une nuit décisive pour Shanghai autant que pour leurs destinées singulières. Malraux maîtrise à son tour la technique romanesque qui marque le début des années trente : celle de l'unanimisme de Romains dans *Les Hommes de bonne volonté,* celle du simultanéisme de Dos Passos. *La Condition humaine,* tout en suivant à la trace l'histoire d'êtres individuels, met en évidence l'histoire d'un être collectif.

Ainsi la destinée des protagonistes de *La Condition humaine* s'insère-t-elle dans l'histoire de Shanghai en ces quelques journées décisives de la fin de l'hiver et du début du printemps de 1927. Chacun d'entre eux est l'équivalent d'un instrument dans une pièce de musique orchestrale. Chaque instrument semble jouer pour lui seul mais toutes les lignes mélodiques se superposent en un contrepoint. *La Condition humaine* apparaît ainsi, dans l'harmonisation de sa polyphonie, comme une fédération de diversités.

LA MATURITÉ ARTISTIQUE : UN ROMAN DE LA PATERNITÉ

Malraux a réussi à unifier une œuvre qui, de prime abord, menaçait de s'éparpiller. Entre les scènes ou les séquences de son roman, il a tissé des liens multiples et nous avons vu toute l'attention qu'il portait aux procédé de liaison. Mais surtout deux avancées dans sa technique romanesque témoignent d'une maturité artistique conquise : l'emploi des temps et le passage au récit à la troisième personne.

Les Conquérants étaient écrits tout entiers au présent et au passé composé, ce qui convenait parfaitement à un feu roulant d'actions toujours renouvelées. Dans *La Condition humaine*, Malraux relate aussi des événements qui, dans leur perpétuel surgissement, ne laissent aux personnages comme au lecteur presque aucun répit. Pour ce faire, il emploie désormais ces temps par excellence de la distance et du recul que sont l'imparfait et le passé simple. C'est un paradoxe apparent : ils supposent l'évocation d'un passé classé, révolu, alors que tout le propos de Malraux consiste à nous plonger et à nous entraîner dans un mouvement qui se déroule, inéluctable. Malraux commence *La Condition humaine* sans préambule par une « introduction-attaque » : non par un tableau de Shanghai, un exposé de la situation politique et sociale de la Chine en 1927, une biographie des personnages, mais le moment où un homme s'apprête à en faire passer un autre de la vie au trépas ; non pas même la marche du meurtrier vers le lieu de son meurtre, mais le moment précis où le meurtre va s'accomplir. On attend, lorsque les personnages sont ainsi jetés d'emblée « in medias res », le présent de narration ; or, d'un bout à l'autre d'un roman dont la fiction ne se déroule somme toute que six ans avant sa parution, ce sont les temps du passé qui, uniformément, vont caractériser la narration. Plus tard, Malraux tirera, dans *L'Espoir*, des effets particulièrement saisissants de l'irruption du présent de narration dans un roman écrit avec une prépondérance de verbes à l'imparfait : quand Hernandez attend d'être fusillé[1] et aussi quand Manuel pénètre dans le ministère de la Guerre désert[2], tandis que l'assaut franquiste se prépare sur Madrid. *Les Noyers de l'Altenburg* seront fondés sur un récit au passé qui relate la vie de Vincent Berger aux alentours de 1914, encadré par un récit au présent des expériences et des révélations de son fils en 1939-1940. Dans *La Condition humaine*, jamais le présent ne vient alléger cette accablante chape de brume et de plomb qui pèse sur tout le roman. Élaboration esthétique consciente d'un climat de désolation, sans aucun doute ; suggestion qu'à l'évidence le type d'hommes que représentait cette communauté révolutionnaire de Shanghai en 1927 n'existe plus, qu'elle s'est engloutie comme un continent perdu. Peut-être la révolution reprendra-t-elle en Chine, mais ce sera sous une forme radicalement autre et les morts de cette époque-là seront morts pour rien et voués à l'oubli. Ou, plutôt, Malraux, pour sauver leur mémoire, pour prolonger celle des rares survivants, May, Gisors, Hemmelrich, leur dédie ce chant funèbre. Voilà ce que

1. Malraux, *L'Espoir*, 1re partie, II, chap. 10.

2. *Ibid.*, 2e partie, I, chap. 8.

connote sans doute cet usage des temps du passé, d'une sublime monotonie.

C'était un pari risqué que de raconter cette succession d'actions au passé. Ce pari, Malraux l'a tenu à la fois à cause du sujet, mais aussi comme une exigence qu'il s'imposait à lui-même pour mieux maîtriser son art. De même, le choix d'un récit à la troisième personne — mais dès *La Voie royale* il l'avait mené à bien — marque-t-il la volonté de prendre du champ, de ne pas s'identifier à un personnage : Kyo, Ferral, Clappique, Katow et, sans doute, plus que les autres, Gisors. Malraux se partage entre eux. Il les laisse même évoluer de leur existence propre. « Participation-distance : n'est-ce pas là le schéma tragique par excellence[1] ? » *La Condition humaine* n'est pas une confession déguisée, mais un roman créateur.

Malraux vient, après une vie déjà riche en expériences, de connaître une expérience beaucoup plus courante mais pour lui inédite et essentielle : celle de la paternité. Sa fille Florence est née quelques mois auparavant. Pour la première fois dans l'œuvre de Malraux, certains personnages ont des attaches. Hemmelrich, nous l'avons vu, a une femme et un enfant qui représentent sa seule raison de vivre et qu'il ne peut qu'empêcher de mourir. Gisors est proche de ses étudiants de Pékin, ils sentent « cette intelligence venir à leur aide avec tant de chaleur et de pénétration » parce que « dans

1. J. Carduner, *op. cit.*, p. 79.

tous ces drames semblables il retrouve celui de son fils » (*CH*, p. 69). De ce fils, il admire « l'âme rigoureuse », il partage les raisons qui le poussent à affronter le danger de mort, il ne peut s'empêcher de craindre sans cesse sa perte d'autant plus qu'il ignore souvent en quel lieu il se trouve et quelles sont au juste, à ce moment-là, ses activités. Quand l'irréparable tant redouté sera advenu, c'est avec lucidité qu'il affrontera le malheur. Il ne pourra croire, comme May qui pourtant est médecin, que le corps d'un homme mort d'une dose de cyanure semble s'être un peu réchauffé. Lui, tout en regardant « son espoir mort », renonce en hommage stoïque à son fils à l'apaisement artificiel que pourrait lui procurer l'opium et il contemple la souffrance fondamentale « comme si cette souffrance d'être homme dont il s'imprégnait jusqu'au fond du cœur eût été la seule oraison que pût entendre le corps de son fils tué » (*CH*, p. 314). Lorsque à Kobé, au Japon, il recevra la visite de May, il est « à la fois délivré de la mort et de la vie » (*CH*, p. 334). Sa vie à lui est achevée. « J'ai aimé Kyo comme peu d'hommes aiment leurs enfants, vous savez » (*CH*, p. 337). Et pourtant il encourage la compagne de son fils à « rencontrer la vie » et son regard s'arrête sur elle : « N'avez-vous aucun désir d'un enfant ? » (*CH*, p. 336). Il dit bien : « N'avez-vous ? » au présent et non au passé. Pour Malraux lui-même, la paternité d'un être de chair et de sang et celle d'êtres fictifs multiples et proches et différents de lui à la fois vont de pair. Comme son art, il a mûri.

V   L'HISTOIRE REVERSÉE DANS LE MYTHE

DE LA MYTHOMANIE AU MYTHE ORDONNATEUR

Plus inséré dans le monde réel, Malraux l'est décidément en cette année 1933. L'aventurier solitaire a trouvé une cause à laquelle se consacrer en compagnie d'une multitude d'autres hommes. Ce n'est pas tant le communisme que, à travers la lutte contre le fascisme et le nazisme désormais au pouvoir en Allemagne depuis le 30 janvier 1933, le combat pour la dignité et la grandeur. Son évolution est comparable à celle de beaucoup de ses contemporains. Nizan, au retour de sa fugue à Aden sur les traces de Rimbaud, est passé de la révolte à un engagement plus patient et plus organisé et son premier grand roman, *Antoine Bloyé*, sera (encore les rapports du père et du fils!) le récit de la vie confisquée, « flouée » de son père, racontée avec un mélange de rage et d'affection. Breton, passé la grande crise de doute sur lui-même et de marasme qui précède et accompagne la mise en œuvre de *Nadja,* détecte, tel un sismographe, les grands ébranlements en cours dans les profondeurs et *Nadja* débouche sur l'irruption et la mise en mouvement de l'inconscient de toute une époque, sur la manifestation, à travers toute sorte de signes avant-coureurs, de son contenu latent. Aragon dédie les deux premiers tomes du *Monde réel (Les Cloches de Bâle* et *Les Beaux Quartiers)* à Elsa Triolet, « à qui je dois d'être ce que je suis, à qui je dois d'avoir trouvé, du fond de mes nuages, l'entrée du monde réel où cela vaut la peine de vivre et de mourir ». Ces écrivains, confrontés à la même « montée des périls », considèrent sans indulgence les années vingt qui auraient été marquées, sous le signe de l'évasion et de la disponibilité, par une attention excessive aux engouements éphémères, aux états de conscience insignifiants, à la gratuité vaine. « Réalité dissoute. Existence de fumée. Passions des rêves. Ni vu ni connu, l'homme est passé au compte des profits et pertes[1] . » En revanche, comme l'écrit Emmanuel Mounier, « la génération des années trente allait être une génération sérieuse, grave, occupée de problèmes, inquiète d'avenir. La littérature, dans ce qu'elle a de plus gratuit, avait dominé la première période d'avant-guerre. La seconde devait se

1. Nizan, *Aden Arabie,* p. 177.

1. Cité par Loubet del Bayle, *Les Non-Conformistes des années trente*, p. 22.

donner aux recherches philosophiques, spirituelles et politiques[1] ».

Malraux brouille moins les pistes sur sa vie. Certes, intervenant aux actualités cinématographiques au moment du lancement de *La Condition humaine*, il affirme encore avoir assisté à la répression à Shanghai en 1927. Mais il se fabrique moins systématiquement une biographie fictive. La mythomanie qui est en lui, il la projette maintenant sur Clappique, comme pour la tenir à distance, à un moment où, pour sa part, il est plus impliqué dans la vie de la cité et se sent plus de prise sur les événements. « La mythomanie, dit Kyo à propos de Clappique, est toujours une chose assez inquiétante » (*CH*, p. 44). Gisors qui, « comme toujours, cherchait ce qu'il y avait en cet homme d'universel et de singulier », lui répond : « Sa mythomanie est un moyen de nier la vie, n'est-ce pas, de nier, et non d'oublier... Rien n'existe : tout est rêve » (*CH*, p. 45). Gisors, une fois de plus, s'est révélé perspicace. Quelques jours plus tard — ce sera la dernière apparition de Clappique pour Gisors — « la porte se rouvrit, un nez passa, une voix caverneuse dit : le baron de Clappique n'existe pas » (*CH*, p. 196). Et son ultime apparition dans le roman sera pour raconter des histoires farfelues — celle, par exemple, des perroquets qui chantent avec recueillement des petits cantiques en latin pour un évêque en tournée d'inspection — à un matelot éberlué, avec ce commentaire : « Il faut introduire les moyens de l'art dans la vie, mon bon, non pour en faire de l'art, ah bon Dieu non ! mais pour en faire davantage de la vie. Pas un mot » (*CH*, p. 295). La mythomanie apparaît ainsi comme un supplément d'existence, un palliatif de son peu de réalité.

Malraux s'est sans doute rendu compte que sa propension à vouloir que la vie imite l'art pourrait l'amener à ignorer la vie. Il s'interroge, à l'époque de *La Condition humaine*, sur la manière de définir entre la vie et l'art de nouveaux rapports. Ce qui l'amène à passer de la mythomanie à l'élaboration d'un mythe qui lui serait personnel et qui intégrerait à la fois son expérience propre et sa création. Qu'est-ce qu'un mythe pour lui ? Il s'explique là-dessus bien plus tard : « J'appelle mythe le style d'un artiste, d'un homme, d'un événement, lorsqu'on fait, de sa valeur spécifique, une valeur suprême et ordonnatrice » (*HPL*, p. 71). Chaque artiste a un style qui lui est propre, chaque époque aussi. Pourquoi ce style exerce-t-il sur d'autres hommes d'autres époques un effet ? Est-ce parce qu'il porte en lui un message ou une vérité universels ? Ce serait une réponse quelque peu verbale. Malraux ne prétend pas escamoter ce qu'une œuvre ou un moment historique ont de singulier, en les ramenant à quelques généralités. Mais il ne s'agit pas non plus de les réduire à des cas d'espèce. Un style agit parce que sa valeur est ordonnatrice. Il instaure, dans le chaos des faits, dans le fouillis des impressions, une hiérarchie des instances et des degrés, il met en forme la dispersion, il l'organise. Malraux cependant prend bien soin de distinguer cette conception du style de la théorie classique traditionnelle en affirmant, dans le même chapitre, que « la perfection en art est une idée-piège ». Le mythe ordonnateur, pour lui, a une valeur motrice, il s'oriente dans une direction, il se propage et il va de l'avant. Ainsi l'Histoire, telle que Malraux et ses contemporains la vivent en cette année trente avec une particulière intensité, peut-elle être porteuse d'un mythe et être reversée dans le mythe. En elle se rejoignent les expériences particulières et un mouvement qui les entraîne et les fond, elle joue le rôle d'une idée-force et elle donne aux hommes une consistance, un substrat.

L'INDIVIDU ET LA COLLECTIVITÉ

Malraux croit-il en un « sens de l'Histoire » ? Il ne semble pas avoir beaucoup fréquenté les philosophes qui l'affirment. Sa connaissance de Marx paraît, pour l'essentiel, de deuxième main. Il la doit, très largement, à son ami Bernard Groethuysen, un homme d'immense érudition et de vaste culture, dont il a été le familier. Groethuysen n'a rien d'un mar-

xiste sectaire et il pratique passionné-
ment aussi bien saint Augustin que le
mystique rhénan Maître Eckhart. Mais il
a de Marx une connaissance approfon-
die, il adhère à sa méthode, utilise ses
outils théoriques et partage sa philosophie de l'Histoire. « Ce Socrate aux
allures de Diogène joua pendant quinze
ans un rôle essentiel dans la vie intellectuelle d'André Malraux. Sa foi marxiste,
son ironie profonde, sa culture allemande et russe, son sens de l'universalité, sa foi en une certaine idée de
l'homme ont modelé — en contrepoint
parfois — la vision et la pensée du Malraux des années trente[1]. » Il a souvent
été considéré, avec Gide, comme un des
modèles de Gisors, mais Malraux a
nuancé cette interprétation : « Gisors est
un personnage trop pathétique pour le
refléter tout à fait. Lui n'était pas pathétique. Il était sage[2]. » Il n'empêche que
Groethuysen lui fait partager un état
d'esprit plus qu'il ne le persuade intellectuellement. On ne voit pas d'interférence
entre l'explication de l'Histoire par la
lutte des classes et l'œuvre littéraire de
Malraux. Dans *La Condition humaine*,
les révolutionnaires sont le plus souvent
des intellectuels, parfois des « pauvres »
comme Hemmelrich, jamais des prolé-
taires ; ils sont sans insertion sociale, sans
place dans la production et dans les rapports de production entre exploiteurs et
exploités. Le moteur de l'Histoire n'est
pas dans ce roman la lutte des classes,

1. Jean Lacou-
ture, *op. cit.*,
p. 163.

2. *Ibid.*, p. 161.

encore moins le décalage entre les transformations économiques et les survivances de relations humaines antérieures à ces transformations, mais l'héroïsme individuel et communautaire face à la domination politique. Malraux a en définitive lui-même tranché en affirmant à Roger Stéphane : « Philosophiquement, je ne suis pas du tout marxiste[1]. »

1. *Ibid.*, p. 415.

Se jette-t-il alors dans l'Histoire en aveugle comme d'autres dans « la foi du charbonnier » ? Non, car il y découvre des valeurs ordonnatrices, plus éthiques que politiques. Souvent, Malraux a été présenté comme un apologiste de l'action pour elle-même et qui trouverait la justification de sa vie dans ses actes. Un passage de *La Condition humaine* va dans ce sens : « L'acte, l'acte seul justifie la vie [...] Que penserions-nous si l'on nous parlait d'un grand peintre qui ne fait pas de tableaux ? Un homme est la somme de ses actes, de ce qu'il a *fait*, de ce qu'il peut faire. Rien autre » (*CH*, p. 229). On oublie généralement de préciser que ce n'est pas Malraux qui parle, mais l'un de ses personnages. Il s'agit en l'occurrence de Ferral qui, certes, « réagit avec colère contre l'irresponsabilité intellectuelle qu'expriment d'autres personnages[2] », mais se situe, c'est le moins qu'on puisse dire, aux antipodes de la ferveur révolutionnaire. Malraux précise que la phrase est de Hegel : « L'histoire de l'esprit, c'est son action car il n'est que ce qu'il fait. » Mais, dans *La Condi-*

2. Roger Stéphane, *André Malraux*, p. 71 ; voir Dossier, p. 225.

« Aucun homme ne peut parler des femmes, cher... »
Film : *Shanghai Express* de Josef von Sternberg, 1931. Marlène Dietrich. Anna May Wong.
Ph. coll. Christophe L.

tion humaine, il n'entend pas légitimer n'importe quelle action, parce qu'elle est advenue. Il distingue soigneusement entre divers engagements politiques et refuse de les présenter comme équivalents et interchangeables. En juillet 1941 encore, alors qu'il a rompu tout lien avec le Parti communiste, il répond à Roger Stéphane qui lui demande ce qui distingue le fascisme du communisme : « Le communisme est ouvert sur l'universel, le fascisme est clos[1]. » En juin 1934, à plus forte raison, peu de temps après la parution de *La Condition humaine*, il s'adresse en ces termes à Moscou à un congrès d'écrivains soviétiques : « On dira de vous : à travers tous les obstacles, à travers la guerre civile et la famine, pour la première fois, depuis des millénaires, ceux-là ont fait confiance à l'homme[2] ! » Formule de circonstance, dans le contexte de l'année 1934, et formule de politesse d'un invité à ses hôtes ? Sans doute. Mais, en 1935, dans sa préface au *Temps du mépris*[3], il orchestre les thèmes qui le rapprochent à l'époque du communisme avec une particulière puissance et grandeur. Cette préface, il ne l'a jamais reniée à la différence du roman qu'elle introduisait : « Aujourd'hui encore, confie-t-il à Roger Stéphane peu après la Libération, je n'en changerais pas une virgule[4]. » Il y chante le lien qui peut unir un écrivain à une collectivité[5]. Ce qui importe pour Malraux, c'est l'ampleur et la hauteur d'une personne,

1. *Ibid.*, p. 96.

2. Cité dans J. Lacouture, *op. cit.*, p. 171.

3. Voir Dossier, p. 221.

4. Roger Stéphane, *op. cit.*, p. 75.

5. Malraux, *Œuvres complètes*, t. I, p. 776 ; voir Dossier, p. 226.

non forcément sa singularité. Il récuse cet « individualisme informulé épars à travers le XIXe siècle, et né bien moins de la volonté de créer l'homme complet, que du fanatisme de la différence ». Il ne s'agit pas, pour lui, d'affirmer à tout prix son originalité, mais d'accéder à un plus haut degré de soi-même. La sympathie militante de Malraux, à l'époque, pour le communisme tient ainsi à des raisons morales : le communisme, pour lui, élargit les possibilités créatrices humaines ; grâce au lien à une collectivité, il permet aux hommes d'atteindre des altitudes auxquelles ils n'auraient peut-être pas accédé seuls. « On peut aimer qu'un des sens du mot "art" soit de donner conscience à des hommes de la grandeur qu'ils ignorent en eux[1]. »

Malraux n'admire donc pas la force en elle-même. En 1935, dans un discours prononcé au moment de l'agression italienne fasciste contre l'Éthiopie, agression qu'il réprouve totalement, Malraux affirme : « La civilisation, c'est de mettre, le plus efficacement possible, la force des hommes au service de leurs rêves, ce n'est pas de mettre leurs rêves au service de leur force[2]. » Mettre la force des hommes au service de leurs rêves, c'est leur donner les moyens d'accéder à la grandeur ou plutôt leur révéler la grandeur qui est en eux en dépassant leur misère. L'alliance de ces mots clés pascaliens avec un projet révolutionnaire permet de mieux cerner et définir l'attitude

1. *Ibid.*, voir Dossier, p. 225-226.

2. Roger Stéphane, *op. cit.*, p. 166.

de Malraux. Contrairement à la caricature que donnaient de lui des écrivains du camp adverse, ce n'est pas un frénétique de la mitraillette prêt à pactiser avec n'importe qui pour assouvir son éréthisme du combat et de la destruction. La révolution, pour lui, est un des modes privilégiés de réalisation de valeurs éthiques supérieures.

UN ROMAN D'APPRENTISSAGE POLITIQUE

Mais les hommes proposent et les circonstances disposent. Les révolutionnaires de *La Condition humaine* consacrent leur vie et courent le risque de mort pour réaliser des valeurs absolues. Dans le contexte de la situation chinoise de 1927, dans celui, plus largement, de la stratégie d'ensemble de l'Internationale Communiste élaborée à Moscou et imposée par l'URSS, leurs aspirations malheureusement se révèlent irréalisables. Ils ne peuvent y renoncer et se rendent bien compte de leur échec. Telle est leur tragédie. Ce n'est qu'un des éléments, nous le verrons, du tragique de *La Condition humaine*, mais c'est celui qui accable et écrase Kyo et ses compagnons. Aspirations à des valeurs absolues qui ne peuvent prendre forme dans une réalité historique donnée et souffrance indépassable de cette impossibilité, c'est ainsi que, dans ses

1. Georges Lukács, *L'Ame et les Formes*, Gallimard ; *La Théorie du roman*, Denoël-Gonthier.

écrits de jeunesse, *L'Ame et les Formes*, *La Théorie du roman*[1], le philosophe hongrois Lukács définissait la situation de l'homme « problématique ». Les hommes vivent autrement qu'ils ne le voudraient et le devraient. Leur conscience est momentanément impuissante, alors que les circonstances sont momentanément toutes-puissantes. Le même mot allemand, « die Verhältnisse », signifie à la fois les conditions, les circonstances, l'état des choses et, d'autre part, les relations entre les hommes, les rapports sociaux. Les relations entre les hommes sont insatisfaisantes, fondées sur le malentendu, l'oppression, la violence, parce que les circonstances ne sont pas mûres, parce qu'elles ne permettent pas de dépasser cette situation. Les conditions, de leur côté, sont défavorables, parce que les rapports sociaux sont gelés. Pour sortir de ce cercle, pour que l'Homme « problématique » puisse devenir l'Homme réalisé, il faut à la fois une appréciation lucide des rapports de forces et l'énergie d'en tirer parti. Le grand art en politique est de savoir tirer parti des circonstances. Comme tout art, il s'apprend. Il faut faire l'apprentissage de la révolution comme, plus généralement, l'apprentissage de la vie. Cela demande discernement, résolution, courage. Beaucoup de personnages de *La Condition humaine* seront broyés avant d'avoir achevé cet apprentissage. « Le temps d'apprendre à vivre, il est déjà trop tard », écrira Aragon. A quoi fait écho la douleur de Gisors : « Quand vraiment il est un homme, il n'est plus bon qu'à mourir. » La victoire de la révolution d'autre part n'est pas forcément inscrite dans les astres ou dans la nature des choses. Elle est possible, certaines données lui sont favorables, mais elle ne se produira pas nécessairement. Kyo et ses compagnons le savent. Ils ne peuvent que parier sur son accomplissement. Ainsi « l'accent pascalien » du roman se porte-t-il même sur ce qui semblait au départ échapper à Pascal : l'action politique et historique. La Révolution, comme la Foi, est un pari.

Malraux, dans un texte intitulé *Fin d'une jeunesse*, compare lui-même une conversion religieuse et une adhésion à la Révolution : « Ça revient au même, c'est la même volonté de renoncement, à laquelle s'ajoute un désir de justice et d'être utile aux autres hommes[1]. » Aussi bien Kyo et Katow sont-ils des martyrs et ne sont-ils pas loin d'être des saints. Mais il leur faut aussi rendre des comptes aux opprimés qui mettaient en leur cause leurs espoirs. Une erreur d'appréciation de leur part et c'est le désastre. La bonne volonté, la pureté des intentions ne suffisent pas à les justifier. Encore faut-il que leur « ligne » politique soit juste. Il était possible, associé au Kuomintang, de prendre le pouvoir à Shanghai. Il aurait, de surcroît, fallu prévoir que le Kuomintang allait se retour-

1. Malraux, in *Fin d'une jeunesse* de Roger Stéphane, p. 90.

112

ner contre ses alliés quinze jours plus tard pour les anéantir. Ou être assuré que le reste de la Chine allait suivre pour que le sort des communistes de Shanghai ne soit pas aussi tragique que celui des communards de Paris en 1871, ou des spartakistes de Berlin en 1919.

Ce qui rend la pratique révolutionnaire si aléatoire, c'est que, comme le montrera plus tard Maurice Merleau-Ponty, « l'action politique est de soi impure, parce qu'elle est action de l'un sur l'autre et action à plusieurs[1] ». Action de l'un sur l'autre dans *La Condition humaine* : Vologuine refuse toutes les demandes de Kyo, s'oppose point par point à sa ligne en se fondant en apparence sur une autre analyse des rapports de force (Han-Kéou n'est pas contrôlée par les communistes, mais par une fraction de gauche du Kuomintang, elle n'est pas la capitale des travailleurs, mais celle des sans-travail, les munitions manquent). En fait il est le représentant de Moscou et de l'Internationale. Le véritable argument, c'est que « Moscou ne tolérera pas que nous sortions du Kuomintang maintenant ». Action à plusieurs : les dockers en grève savent avant tout qu'ils crèvent de faim, l'avenir du communisme en Chine passe pour eux bien après cette urgence et ils poursuivent leur grève ; Tchen est insaisissable, il essaiera de tuer Chang-Kaï-Shek, quelles que soient les consignes et les conséquences. Pour la réalisation du

1. Merleau-Ponty, *Humanisme et Terreur*, p. 18.

même objectif, les tactiques et les straté-gies varient suivant les tempéraments, les points de vue, les besoins immédiats. Mais ce qui, dans une situation paisible, serait simple divergence, ici devient drame : dans ces appréciations diver-gentes, des vies humaines sont en jeu et l'avenir même de la cause. Or personne ne peut être certain d'être dans le vrai. « Gouverner, comme on dit, c'est pré-voir, ajoute Merleau-Ponty, et la poli-tique ne peut s'excuser sur l'imprévu. Or, il y a de l'imprévisible. Voilà la tragé-die[1]. »

1. *Ibid.*, p. 19.

Malraux, du reste, ne prend pas nette-ment position sur le fond du débat. Bien sûr, il vibre et fait vibrer ses lecteurs avec Kyo et ses compagnons, et Vologuine, gras et tassé dans son fauteuil, tient plus du bureaucrate que du foudre de guerre. Il n'est pourtant pas caricaturé et il est possible d'entrer dans ses raisons. Du reste, le vieux militant Possoz, infiniment plus humain et vivant avec « sa bonne tête en pomme, sa couperose de vigne-ron, ses moustaches grises à la gau-loise », même s'il ne parle pas la « langue de bois » et inspire la confiance, ne dit pas fondamentalement autre chose que l'« apparatchik » : « Il y a une ligne générale qui nous dirige, faut la suivre [...]. Si chacun agit à son goût, tout est foutu » (*CH*, p. 156). Lorsque Kyo refuse l'idée de participer aux côtés de l'armée à une répression contre les pay-sans qui prennent leurs terres, Possoz, pour sa part, se contente d'affirmer qu'il tirerait en l'air et qu'il aime mieux que cela n'arrive pas. Déjà, dans leur débat, se préfigure la divergence fondamentale qui opposera plus tard le parti communiste chinois de Mao Tsé-toung au parti soviétique : celle qui porte sur le rôle des masses paysannes. Ni Kyo ni Possoz n'affirment que la révolution en Chine partira des campagnes et encerclera les villes, tous deux confèrent aux ouvriers un rôle dirigeant et moteur. Mais, à la différence des représentants de l'Internationale, Kyo reconnaît l'importance des luttes des paysans, au moins alliés au prolétariat. Il reste « déchiré par le même tourment entre la discipline et le massacre des siens... » (*CH*, p. 159). Ce sont ses propres contradictions, pas seulement celles de la révolution chinoise, que Malraux met en scène pour conclure.

UNE ÉVOLUTION POLITIQUE DE MALRAUX

Malraux, pendant qu'il rédige *La Condition humaine*, est en train d'amorcer une évolution dans son attitude face à la stratégie du mouvement communiste et elle se lit dans certaines modifications apportées au manuscrit. Jusque-là, Malraux romancier a une réputation d'anarchisant. Roger Martin du Gard le qualifie, dans une lettre du 14 juin 1929[1], de

1. *Correspondance André Gide — Roger Martin du Gard*, t. I, p. 369.

« révolutionnaire pur sans savoir où il va », par besoin de « secouer les colonnes », « goût du risque », « irrespect courageux ». Même s'il diverge de Trotski sur un certain nombre d'appréciations, c'est à l'hérétique du communisme dont il se proposait même d'organiser la libération de sa résidence forcée d'Alma-Ata par une expédition-coup de main fort romanesque qu'allaient sa sympathie et même sa vénération. Dans un premier jet du roman[1], les hommes qui incarnent les rouages de transmission de Moscou étaient présentés avec plus de virulence que dans la version définitive comme de bas politiciens pas tellement différents de König dans l'autre camp, comme des individus « brûlés » par toute sorte d'engagements contradictoires et sans autre principe qu'une obéissance aveugle à la discipline communiste, « principe de toutes les folies ». Kyo et Katow y étaient présentés comme de « ces révolutionnaires à mobile éthique peut-être indispensables en leur temps, mais, dès la prise du pouvoir, dépassés ». Kyo, dans cette première version, « se laissait écraser par la pire fatalité de la révolution, celle qui la contraint à se nourrir de ses fils ». Enfin et surtout, la lettre de Peï, dans l'épilogue du roman (*CH*, p. 330), qui met en valeur le travail accompli en URSS par le plan quinquennal et place en lui l'espoir du prolétariat, était absente du premier manuscrit. Malraux ajoute, dans

1. Cf. Ch. Moatti, *op. cit.*, p. 114-131, où les retouches au manuscrit sur ce point sont précisées.

sa version définitive, des paroles de personnages transcrites par une lettre, une coupure de presse sur l'industrialisation de l'URSS. Ainsi semble-t-il se rapprocher de l'« orthodoxie » stalinienne.

L'attitude de Malraux, en fait, est complexe. Il sollicite et obtient une entrevue de Trotski, en juillet 1933, aussitôt après la parution de son roman ; il prendra encore sa défense en avril 1934 après son expulsion de France par le gouvernement. Autant dire qu'il garde pour le « Vieux » respect et amitié. Mais il s'agit d'un vaincu qui n'a pas, pour s'opposer à la menace hitlérienne, le pouvoir que possèdent les communistes staliniens au pouvoir en URSS. S'il ne se fait guère d'illusions sur la personnalité de beaucoup d'hommes d'appareil du PC ni même sans doute sur le système qu'ils représentent, Malraux les juge organisés et, par là, efficaces. Plus tard, dans *L'Espoir*, à un moment où le rapprochement de Malraux avec le PC s'est fait plus étroit, il écrira : « Les communistes ont toutes les vertus de l'action, et celles-là seules ; mais c'est d'action qu'il s'agit en ce moment. » Aussi, par pragmatisme, deviendra-t-il, sans jamais adhérer au Parti communiste qui lui laisse, au cours de séjours en URSS, la possibilité d'exprimer publiquement des positions sur la littérature et l'art pour lesquels tout Soviétique se ferait taper sur les doigts et bientôt beaucoup plus, un « compagnon de route » choyé et reçu avec tous les honneurs, à peu près au même titre que Gide, Romain Rolland, Feuchtwanger ou Bernard Shaw. Au moment de la parution de *La Condition humaine*, l'accueil de la presse communiste française reste encore embarrassé et mitigé. Mais, peu de temps après, il est question d'une adaptation théâtrale du roman par le grand metteur en scène soviétique Meyerhold, d'une adaptation cinématographique par Dovjenko, puis par Eisenstein en personne. Malraux travaille avec le réalisateur du *Cuirassé Potemkine* et d'*Octobre* à un projet dont le découpage était assez largement avancé, mais qui, la répression stalinienne s'accentuant — il n'était plus question d'évoquer les hésitations soviétiques en Chine ni l'abandon à leur sort des communistes de Shanghai —, ne vit jamais le jour. Malraux, un temps, apparaît ainsi comme une figure marquante de sympathisant ou, en tout cas, d'allié et comme une caution.

Qu'il ait gardé son « quant-à-soi », l'ambiguïté de la septième partie le manifeste. Si la lettre de Peï, la coupure de presse, relancent l'espoir d'une révolution qui, sous l'égide de l'URSS, repartirait « du bon pas », il n'en reste pas moins que « l'auteur laisse le soin à une veuve et à un vieillard de rappeler le prix qu'il faut payer le rêve de changer le monde : le message d'espoir s'achève sur un échange de répliques lourdes de tragique et de solitude[1] ». Quand, en 1954,

1. *Ibid.*, p. 131.

La Condition humaine fut effectivement portée à la scène par Thierry Maulnier et Marcelle Tassencourt, Malraux écrivit lui-même la dernière scène de l'adaptation[1] : Gisors refuse un poste à Moscou non par lassitude, mais par révolte contre l'abandon par l'URSS des insurgés de Shanghai. Il approuve certes la décision de May de repartir en Chine, mais il n'est pas fait mention de la Révolution. C'est la grandeur humaine qui donne sens à la mort de Kyo, non l'hypothétique changement de société et de régime. C'est dans la métaphysique et non dans l'histoire qu'elle s'inscrit. Rien ne vient apaiser la douleur des survivants et rien ne remplace un être aimé. A deux reprises, et c'est la dernière réplique de la pièce, la voix de May proclame : « Que la Chine soit morte, et que Kyo soit vivant. »

Dans l'épilogue du roman, l'espoir d'une transformation de la condition humaine allait de pair avec la constatation tragique que rien ne vaut une vie et que toute mort est insoutenable et injustifiable. Les deux affirmations se répondaient et s'enchevêtraient. Dans l'adaptation scénique, c'est l'attitude humaine qui prévaut, non les réalisations. Malraux, après avoir mis un temps une partie de sa foi dans l'Histoire, ne bascule pas pour autant dans l'Absurde. Il y a un sens, il réside dans la noblesse humaine. Sa position s'est ainsi déplacée : la contradiction dont il faut tenir les deux

1. Voir Dossier, p. 228.

bouts de la chaîne ne se situe pas entre un sens de l'Histoire et l'irrémédiable souffrance humaine, mais entre cette misère et la Grandeur.

LES ARRIÈRE-PLANS D'UN MYTHE MODERNE

Partagé à l'égard de la Révolution, désenchanté ensuite, Malraux, à partir d'elle, a élaboré un mythe qui survit à ses fragiles espérances. « Le mythe moderne, souligne Régis Debray, est un produit composite, mais non arbitraire ni artificiel[1]. » L'addition et la modulation des fantasmes et des imaginations d'un écrivain renvoient à son univers personnel, mais ne s'imposent pas comme un mythe. Pour qu'un mythe se présente avec le caractère d'évidence et de nécessité qui le caractérise, il faut qu'il se situe à l'intersection de l'imaginaire et d'une situation collective. Comment cette jonction s'opère-t-elle ? Dans des récits — le mythe est toujours une fiction — où se manifestent les forces inconscientes à l'œuvre dans les phénomènes sociaux et historiques. Un groupe, une époque sont travaillés par des désirs, des craintes qu'ils ne maîtrisent pas, parce qu'ils n'en ont pas une représentation claire. C'est à travers des situations fictives qu'ils en prennent une conscience approximative mêlée de pulsions constructives et destructices, d'aspirations et de rejets. Aussi

1. Régis Debray, *op. cit.*, p. 140.

un mythe est-il d'autant plus fort qu'il exprime les arrière-plans mentaux d'une collectivité. Plus particulièrement ceux d'une collectivité en état instable, parce qu'elle ne domine pas ses contradictions et qu'elle est engagée dans un mouvement, dans un processus encore inachevés. Les mythes qu'elle sécrète expriment un devenir encore incertain. L'ordre existant commence à se lézarder, il montre ses insuffisances, tandis que la réalité collective qui pourrait se substituer à lui n'a pas encore pris forme. Les mythes expérimentent dans l'imaginaire des possibilités, ils marquent des transitions, des passages. Ils comblent par des images mises en récit les incertitudes et les manques des sociétés.

Quel est, dans *La Condition humaine*, « ce fond historique secret qui disparaît derrière la trame des événements[1] » ? Une Europe qui, obscurément, alors qu'elle domine encore le monde, se sent menacée par de nouvelles énergies qui la remettent en question. Le récit romancé d'une insurrection brisée dans la lointaine Chine aurait normalement dû laisser indifférent le plus grand nombre de lecteurs et aucune œuvre retraçant la situation troublée en Europe centrale ou en Russie n'a vraiment remporté une grande audience. Mais, dans *La Condition humaine,* il y a conjonction de deux « ailleurs », à la fois très étrangers et très fascinants : l'Orient et la Révolution. Le monde est moins uniforme dans son

1. André Breton, *La Clé des champs,* p. 21.

1. Régis Debray, *op. cit.;* voir Dossier, p. 238.

architecture et ses coutumes au début des années trente que pour le lecteur des années quatre-vingt-dix[1]. En même temps, dans les empires soumis à l'Europe, c'est en Extrême-Orient (agitation gandhiste en Inde, révolte de Yen-Baï au Tonkin en 1930, chaos de la Chine) que se dessinent les premières failles. Aussi la Chine de Malraux apparaît-elle à la fois comme un espace exotique où brillent les prestiges du romanesque et comme un réservoir de périls potentiels porteur d'un sourd malaise. Le Shanghai des palaces tel celui où Ferral rencontre Valérie, des paquebots, des boîtes de nuit, des brassages de peuples et de destinées — aventuriers venus du monde entier, réfugiés drossés là par les vagues de la révolution soviétique, l'entraîneuse russe à qui le Franco-Hongrois Clappique raconte ses étonnantes histoires, l'Allemand König, devenu on ne sait comment chef de la Sûreté, tant d'épaves, serveuse de bar flamande, rescapés des combats dans les pays baltes, comte Chpilewski, ancien champion de sabre de Cracovie — tout ce monde cosmopolite fait rêver les lecteurs de Joseph Kessel qui jamais ne le visiteront. En même temps, ils se sentent obscurément concernés ; des événements en Mandchourie ou sur les bords du Yang-Tsé, ils ne pensent pas encore qu'ils pourraient un jour influer sur leur vie, mais ils sont l'image projetée dans les lointains d'une Europe qui, elle aussi, pourrait se désa-

« Chang-Kaï-Shek... ne peut se maintenir ici qu'en s'appuyant sur les douanes et les contributions de la bourgeoisie, et la bourgeoisie ne paiera pas pour rien : il faudra qu'il lui rende sa monnaie en communistes zigouillés. »
Exécution à Shanghai. Ph. Archives Snark-Edimedia.

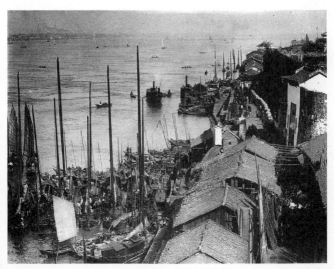

Han-Kéou. Ph. L'Illustration/Sygma et Harlingue-Viollet.

gréger ou, du moins, être prise dans le tourbillon.

1. Régis Debray, *op. cit.;* voir Dossier, p. 238.

Ce « merveilleux moderne[1] » a ses preux, les militants, héros ou moines-soldats, qui conjuguent l'ascétisme, la volonté, la lucidité, l'esprit de sacrifice, et qui apparaissent comme les premiers représentants d'une nouvelle espèce humaine. Il a ses rites : la conjuration, la clandestinité, les épreuves initiatiques du renoncement à la vie courante, de la mission en pays lointain, de la connaissance des textes à la fois sacrés et efficaces, de la loyauté mutuelle des affidés, du risque de mort, en même temps que le mystère des décisions prises par ceux « d'en haut », dans le secret des dieux, et dont les raisons sont souvent indéchiffrables. A la fois secte et Église, ordre de chevalerie et société secrète, armée et organisation implacable de prise du pouvoir, le Parti encadre et discipline, en même temps qu'il laisse du champ aux rebelles, aux irréguliers venus du monde entier échouer en Chine pour que, loin des routines quotidiennes, ils puissent y donner leur mesure. Et quels enjeux : la vie à risquer ou la société à rebâtir sur la table rase, des chaînes à perdre ou un monde à gagner, la mort et le Salut ! Romantique est cet intervalle où la Révolution n'est plus une utopie et n'est pas encore une déception, quand, selon la célèbre formule de Gramsci, « l'Ancien se meurt et que le Nouveau n'arrive pas à naître ».

LE RETOUR DES FIGURES MYTHIQUES : PROMÉTHÉE ET FAUST

Ce grand mythe moderne suscite d'un même mouvement la résurgence de figures mythiques resurgies du fond des âges. Dans sa définition la plus rigoureuse, celle de Mircea Eliade, le mythe est un récit qui rend compte des origines et qui est susceptible de les réactualiser. C'est ainsi que, dans *La Condition humaine*, Ferral aussi bien que les militants révolutionnaires revivifient la figure du Démiurge, celui qui, à partir de l'argile, façonne des images humaines, celui qui, à partir du chaos initial, redonne forme au monde. Ce qui caractérise Ferral, c'est qu'il considère l'Extrême-Orient non seulement comme un empire à conquérir, mais encore comme un terrain vague à aménager. De même les habitants de la Chine, qu'ils soient du reste européens aussi bien qu'asiatiques, représentent pour lui une matière première à pétrir et à recréer. Ils doivent être les produits de son énergie comme Prométhée insufflait le feu céleste aux figurines qu'il avait modelées. De la même manière, les militants communistes rêvent de rebâtir la Chine sur la table rase. Certes, à la différence de Ferral, ils ne voient pas dans le prolétariat chinois une masse inerte qu'ils animeraient de leur seule activité et ils se sentent proches de ces hommes fraternels. Mais ils se considèrent tout de même, en vrais léninistes, comme l'avant-garde d'une classe ouvrière qui, sans eux, livrée à elle-même, resterait inorganisée et à peu près impuissante. D'où l'accent mis sur le volontarisme du marxisme (*CH*, p. 69, p. 139). Prométhéenne est ainsi cette aile marchante du prolétariat. Il s'agit pour elle de créer l'« Homme nouveau ».

La figure mythique de Prométhée, de Shelley à Rimbaud ou à Nietzsche, aura été l'image dominante du XIXᵉ siècle, à la fois en révolte contre les dieux et en opposition avec le monde qu'il s'agit de dompter pour en faire le simple prolongement de l'activité humaine. Faust représente l'autre pôle archétypal. Tel Prométhée, il affirme lui aussi qu'au commencement est l'Action et non le Verbe. Mais c'est au terme d'une longue vie vouée à la méditation et à la connaissance. Il y a du Faust dans le personnage de Gisors. Au soir d'une existence consacrée à l'étude et à la réflexion, il éprouve le sentiment de la vanité de tout ce savoir engrangé, il considère avec affection et inquiétude ses disciples et surtout son fils qui ont choisi d'agir en même temps qu'avec détachement sa déjà longue vie. Gisors serait semblable à Faust au matin de Pâques lorsque, faisant le bilan, il s'aperçoit qu'aucune science ne lui a apporté le bonheur ou la vérité et que rien ne remplace la jeunesse.

A travers les modèles de Prométhée et de Faust, Malraux jette peut-être un regard rétrospectif sur les raisons d'être de l'Occident et d'un siècle d'efforts voués à la transformation du monde et à sa connaissance. La lassitude de Gisors, le désastre et la mort des militants, la débâcle du Consortium de Ferral marqueraient-ils la chute du Surhomme ? Au lieu de dominer le monde, ne faudrait-il pas se fondre en lui ? Au lieu de transformer les hommes, ne vaudrait-il pas mieux les aimer ?

VI   UN ROMAN
DE L'INTENSITÉ

UN ROMAN « EXPRESSIONNISTE » ?

Le Surhomme et sa chute sont les figures prépondérantes d'un art qui avait dominé l'Europe centrale pendant plus de vingt ans — les années dix et vingt — et que Malraux connaissait bien : l'expressionnisme. Au début de son mariage avec Clara, il avait, en Allemagne, connu le choc de la découverte des films de Wiene (*Le Cabinet du docteur Caligari*), de Lang (*Les Araignées, Les Trois Lumières, Mabuse le joueur*), de Murnau (*Nosferatu le Vampire*). Ces films l'avaient tellement marqué qu'il avait envisagé d'en devenir en France le diffuseur. Il ne s'agit pas pour lui d'un bref éclair. Au moment de la parution de

La Condition humaine, il écrit le 2 octobre 1933 à Edmund Wilson : « Le rôle joué dans mes livres par l'objectivité n'est pas de premier plan [...] *Les Conquérants* sont un roman " expressionniste " comme, toutes proportions gardées, *Wuthering Heights*[1] ou les *Karamazoff*[2]. » Malraux, dans cette formule, élargit, bien sûr, la catégorie de l'expressionnisme bien au-delà de l'Europe centrale et du premier tiers du XXe siècle. Quels points communs Malraux perçoit-il entre son œuvre de jeunesse et celles, « toutes proportions gardées », d'Emily Brontë ou de Dostoïevski ? Sans doute d'abord leur refus de se soumettre aux apparences. « L'expressionnisme dédaigne l'objet ; il ne reproduit pas, mais il crée [...] Il s'acharne à substituer à l'apparence une déformation expressive qui est reconstruction personnelle de la réalité[3]. » Le paradoxe, c'est que cette transformation rend mieux compte de son modèle que sa reproduction, parce qu'elle l'exprime dans sa profondeur. Pour Malraux comme pour beaucoup d'artistes de son époque, le rôle de l'art n'est pas de nommer, mais d'exprimer un sens ou une recherche de sens, alors que tant d'œuvres se contentent de raconter au lieu de signifier. Emily Brontë ou Dostoïevski ne s'attachent pas à la nuance, à la demi-teinte. Les états de conscience des personnages des *Hauts de Hurlevent* sont accordés aux éléments déchaînés, aux sombres nuées d'orage ou

1. Il s'agit des *Hauts de Hurlevent* d'Emily Brontë.

2. André Vandegans, *op. cit.,* p. 283.

3. *Ibid.,* p. 158.

aux nappes de brume sur la lande, les étendues désolées des « moors » et les huis-clos étouffants de la maison délabrée et solitaire sont des champs de force et non des décors, Cathy et Heathcliff sont « une force qui va », qui, sans se soucier des conventions, détruit tout ce qui s'oppose à la puissance irrésistible des désirs et des obsessions. L'œuvre expressionniste est portée par des lignes de force dont l'ensemble du récit est la composition et la résultante. Forces qui sont celles des puissances telluriques ou celles de « l'électricité mentale », pour parler comme Breton, qui se décharge des personnages et qui court entre eux. Accumulateur, condensateur et redistributeur d'énergies est l'espace de Shanghai où se condensent les pluies tropicales aussi bien que la respiration et l'activité de millions d'êtres. Comme chez Brontë et chez Dostoïevski, la compassion et la violence marquent les relations entre les personnages, leurs dialogues concentrés, denses à se rompre, éclatent soudain en cris : « Ai-je vécu comme une femme qu'on protège... » (*CH*, p. 203), « ceux qui ne tuent pas, les puceaux » (*CH*, p. 62). « Il ne sait pas, dit une autre voix, toujours au ras du sol, et en même temps, une autre plus basse : Ça viendra » (*CH*, p. 298). Tension sourde, croissante, coupée parfois de pauses méditatives, et qui, intolérable, au moment de l'attente du supplice, s'élève au paroxysme, telle est la temporalité du roman. Comme dans une œuvre expressionniste, les ressorts de *La Condition humaine* sont la hantise, le pathétique, l'intensité.

Dans un article qu'il consacre en 1928 à *L'Imposture* de Bernanos, Malraux, tout en rendant compte parfaitement de son objet, lance comme un fil rouge qui met en évidence son propre art romanesque. « M. Bernanos n'entend pas analyser les crises, mais les peindre. Il peint d'abord l'angoisse de son personnage ; puis il le fait agir ; et, soudain, le personnage découvre qu'il vient de faire un geste grave auquel il se refusait, d'exprimer ce qu'il se cachait à lui-même [...] Ces procédés sont à l'opposé des procédés ordinaires du roman [...] L'auteur ne se soumet pas au réel communément reconnu ; il vit dans un monde particulier, créé par lui[1]. » Quelques lignes plus loin, il loue Bernanos d'être un « créateur d'hallucinations ».

1. Voir Dossier, p. 217.

Ferral, Clappique, Gisors et, dans d'autres registres, Tchen ou König, ne sont-ils pas, à des titres divers, hantés par des idées fixes : la domination maniaque, le songe, l'opium aussi bien que la rage ou l'humiliation ? Et Malraux n'est-il pas hanté par leurs présences, son art n'est-il pas avant tout un art de « mise en présence » ? L'intrigue est secondaire et la psychologie conventionnelle ne saurait rendre compte de cette hantise. L'œuvre de Bernanos aussi bien que celle de Malraux s'impose par sa vibration, elle entraîne par son pathétique.

Le pathétique, c'est, selon Littré, « ce qui touche l'âme ». L'âme et non l'affectivité. Souvent, dans l'usage courant, ce terme est associé à un certain sentimentalisme auquel Malraux jamais ne cède, si émouvantes soient certaines situations : la marche de Kyo et de May à travers la ville et qui sera la dernière, la veillée funèbre du corps de Kyo par son épouse et son père. En fait, le pathétique a partie liée avec le sublime, c'est-à-dire à ce qui s'élève, en parlant des personnages, à la plus grande hauteur morale, et qui, selon Kant, met en jeu l'idée de l'infini, soit sous forme de grandeur, soit sous forme de puissance. Dans la *Critique du Jugement*, ce philosophe distingue le Beau qui manifeste une harmonie, du Sublime qui manifeste une lutte entre l'entendement et l'imagination. « Le Sublime, ajoute Kant, est l'indice d'une faculté de l'âme qui surpasse toute mesure des sens », il est le Beau, mais dans un ordre qui nous dépasse. Malraux ne cherche pas à faire naître la beauté de l'heureuse combinaison des éléments de son roman, mais de leur opposition et de leur dissonance. Il ne vise ni l'équilibre ni la perfection close, mais plutôt un perpétuel dépassement des données, chacune servant de tremplin à celles qui les suivent, dans un déferlement qui va toujours plus avant et monte toujours plus haut. C'est qu'à la différence de tant d'écrivains français classiques, il ne fait pas de la mesure le

131

critère esthétique de son œuvre, il tend à entraîner comme une lame de fond qui pousse au-delà du prévisible et du concevable — dans le déchirement, dans l'angoisse, dans l'horreur et aussi dans les vastes révélations. Ce continuel mouvement de flux a pour contrepartie des reflux de même ampleur. Une tension poussée à bout vient à se briser comme une corde qui se rompt, c'est à son « vibrato » que se décèle l'écriture de Malraux, comme s'il cherchait à rivaliser avec la musique romantique des symphonies héroïques et pathétiques. Dans l'avant-dernière page de *La Condition humaine*, « la ruée cosmique », « la sauvage harmonie » de la fuite des animaux vers les sources, « le lointain vacarme » des hommes « tous fous, séparés de l'univers dont le cœur battant là-haut dans la lumière palpitante les prenait et les rejetait à la solitude, comme les grains d'une moisson méconnue » jusqu'à ce que « même le sang, même la chair, même la douleur, même la mort se résorbent là-haut dans la lumière comme la musique dans la nuit silencieuse » (*CH*, p. 336). Après le comble de la tension l'entrée dans l'infini. Le pathétique et le sublime s'unissent dans la même intensité.

« Son don essentiel, celui qui fait la valeur de ses livres, c'est l'intensité[1] », écrit encore Malraux à propos de Bernanos. Sans doute avait-il conscience de caractériser, par cet éloge, sa propre

1. Voir Dossier, p. 217.

œuvre. L'intensité est une grandeur qui peut diminuer ou s'accroître, qui donc varie, mais qui ne peut être assimilée à une modification de l'espace. Le propre de l'intensité est aussi d'être qualitative. Aussi sa force est-elle la puissance du spirituel. La suprême concentration ne peut être spatialement représentable, et il émane d'elle un dynamisme, un rayonnement. C'est cette émanation que Malraux, comme Bernanos, a captée. Elle ne procède pas d'un Beau idéal dans la sérénité de l'Intemporel, mais elle exprime les mouvements, les contradictions, les conflits de l'âme. L'agnostique Malraux n'hésite pas à employer ce terme pour caractériser tout ce qui est irréductible au psychologique. Ainsi Pascal distinguait-il l'ordre de la charité de l'ordre des esprits : « De même que de tous les corps ensemble, on ne saurait faire réussir une petite pensée, de même, de tous les corps et esprits, on se saurait tirer un mouvement de vraie charité, cela est impossible, d'un autre ordre, surnaturel[1]. » Sans se référer à un ordre surnaturel, Malraux constate qu'une instance différente se situe au-delà ou en profondeur des manifestations psychologiques. C'est d'elle que procède ce qui dépasse les contingences et les mécanismes. Dans son essai *Du spirituel dans l'art* en 1910, le peintre Kandinsky évoquait ce qu'il appelait « le Principe de Nécessité interne ». Tel pourrait bien être le foyer de l'intensité. Il ne s'agit pas de l'Absolu

1. Pascal, *Pensées*, section 12, pensée 793.

« L'auto de Chang-Kaï-Shek arriverait dans l'avenue par une étroite rue perpendiculaire. Elle ralentirait pour tourner... »

Shanghai : angle de la rue de Nanking et de Lloyd Road, vers 1925, où se situe l'assassinat manqué de Chank-Kaï-Shek. Ph. Harlingue-Viollet.

auquel un agnostique ne peut se référer et dont il ne peut affirmer l'existence, mais d'un besoin irrésistible d'exprimer une exigence intérieure et de créer. Peut-on pour autant ramener *La Condition humaine* et les autres romans de Malraux à l'esthétique et à la métaphysique expressionnistes? Certes Malraux appartient à une famille d'écrivains plus représentée en Europe centrale que chez les romanciers d'analyse français des années vingt. Il se distingue cependant d'eux par son absence d'emphase, son refus de la véhémence continue. Le cri, dans *La Condition humaine,* est dirigé et modulé selon un rythme, la violence n'est pas uniforme, les pauses contemplatives, méditatives, un grand apaisement triste interrompent un temps la montée de l'horreur, le roulement sourd du destin, s'il va croissant, ménage quelques haltes de fantaisie et d'humour (Clappique), de recueillement (Gisors), d'échanges simplement humains (Kyo et May). Le jeu subtil des harmoniques qui courent dans le roman à travers un « tempo » très élaboré lui confère son caractère singulier : celui d'un expressionnisme surmonté.

AU-DELÀ DU PSYCHOLOGIQUE

S'il n'adhère pas à l'expressionnisme jusqu'au bout tel qu'il se déroule dans sa monotonie paroxystique, Malraux a, en tout cas, en commun avec lui son refus de ce que les auteurs classiques appelaient les « caractères ». « Le roman appelle caractère le type humain qu'anime une passion majeure et constante ; à quelques égards, un masque de l'âme[1]. » « Tous ses actes ou ses réactions sont finalement rapportés à une seule et même disposition et passion[2]. » L'Avare ou le Séducteur ne sont pas nécessairement prévisibles ; mais ils ne doivent pas surprendre. L'Avare peut tomber amoureux, mais il restera avant tout l'Avare. Il est réduit à un aspect de sa personnalité et il lui manque, puisque le caractère écarte l'irrationnel, sa part d'énigme. Au contraire, « Dostoïevski invente de poser l'homme en tant qu'énigme [...] Les créateurs avaient entendu gouverner leurs personnages ; Dostoïevski, le premier, cherche à se perdre dans les siens[3] ». Le caractère traditionnel était gouverné par des lois psychologiques dont il était l'illustration.

En revanche, « quand Tolstoï fait découvrir la sérénité au prince André blessé et entouré de morts, quand Dostoïevski fait découvrir à Raskolnikov que le meurtre dont il attendait la puissance lui apporte la solitude, ils ne visent pas une psychologie qui fasse système et se déduise tout entière d'une cause première. Ces réactions paradoxales ne sont pas l'illustration d'un savoir préalable ni des découvertes qui l'approfondissent. Elles sont partie intégrante d'une vision de l'homme et de ses relations avec le cosmos ou avec Dieu, qui gouverne l'imaginaire du romancier[4] ».

1. Malraux, préface au *Journal d'un curé de campagne*, p. 10.

2. Henri Godard, *L'Autre Face de la littérature*, p. 107.

3. Malraux, préface au *Journal d'un curé de campagne*, p. 14.

4. Henri Godard, *op. cit.*, p. 104.

Tel est en effet le statut des personnages des romans de Malraux. On ne dira pas « un » Tchen ou « un » Gisors, ni même « un » Clappique pour prendre le plus complexe et le plus singulier des héros de *La Condition humaine,* comme on dit « un » Harpagon ou même « un » Rastignac. Certains lecteurs y voient une infériorité ou, en tout cas, une limite de Malraux qui n'aurait pas été capable de créer de grands types romanesques applicables à des hommes bien réels. Malraux, pour eux, serait plus apte à rendre des climats ou des actions ou des réflexions que des êtres de chair et de sang, il serait plus un poète ou un métaphysicien ou un chroniqueur qu'un romancier, faute d'avoir su vraiment individualiser aussi bien que typifier ses personnages.

Mais c'est que là n'était pas du tout son propos. Référons-nous encore une fois à cette préface de *L'Imposture* si révélatrice de sa conception du roman. « les êtres mis en scène par M. Bernanos sont soumis à une fatalité qui n'est pas celle de leur caractère, mais, au contraire, commence au point même où leur caractère s'efface. Non seulement l'âme est pour lui l'essentiel de l'homme ; elle est encore ce qui l'exprime le mieux[1] ». Le caractère d'un personnage, je ne crois pas beaucoup forcer la note en affirmant que, pour Malraux, il est du

1. Voir Dossier, p. 217.

domaine sinon du pittoresque, du moins de l'anecdotique. Les traits qui le caractérisent peuvent amuser, captiver, émouvoir, mais ils restent à la surface de son être, une pellicule, une apparence. Au mieux peut-être une image de ce qu'il est en vérité. Ce qui importe, ce n'est pas telle manie, tel détail physique, mais son attitude fondamentale à l'égard de la vie et du monde. Aussi les personnages ne constituent-ils pas un tout fermé sur lui-même, un bloc, ils sont avant tout relationnels. Malraux les saisit dans leur relation avec l'énigme du monde, ils sont des intermédiaires plus qu'ils ne sont pris pour eux-mêmes. « Les romanciers à partir desquels il considère le roman sont ceux qui, à travers leurs personnages, donnent forme à ce qu'il nomme à propos des grands Russes " la stupéfaction fugitive devant la vie ", ou à propos de Conrad " une pressante interrogation sur l'homme "[1]. » Il cherche assez superficiellement à différencier les personnages secondaires et il conçoit les scènes avant les personnages.

1. Henri Godard, *op. cit.*, p. 109.

2. Ch. Moatti, *op. cit.*, p. 44-50.

Christiane Moatti[2], en étudiant les étapes du manuscrit de *La Condition humaine*, a montré que les portraits y étaient ajoutés après coup, comme pour satisfaire à une loi du genre, et parce qu'il le faut bien, mais sans qu'il en ait éprouvé la nécessité dès le premier jet de son roman. Il les étoffe consciencieusement à chaque nouvel état, mais par acquit de conscience. Hemmelrich est d'abord caractérisé par « son crâne chauve et ses grosses moustaches gauloises ». Ce portrait est ensuite biffé et remplacé par un nouveau texte sans rapport avec le premier : « la tête de boxeur crevé d'Hemmelrich : tordu, nez cassé, épaules creusées ». Autant dire que l'apparence de ce personnage ne s'est pas imposée d'emblée à Malraux et qu'en le décrivant, il a surtout cherché à combler un trou. De même, le portrait de Ferral est complété dans une nouvelle version, ainsi que celui de Kyo vu à travers le regard de son père. De même, les notations vestimentaires, plus précises que dans les autres romans de l'auteur, sont pour la plupart des apports de dernière minute.

Pour essayer de singulariser les personnages, de les rendre « vivants » grâce à des caractéristiques aisément repérables, Malraux les compare à des animaux — un banquier chinois avec lequel Ferral tâche de s'entendre est assimilé à « une énergique vieille grenouille » (*CH*, p. 111), May ressemble au pékinois blanc qu'elle élève jusqu'à son visage en le caressant (*CH*, p. 49), Tchen évoque, aux yeux de Gisors, « un épervier de bronze égyptien » (*CH*, p. 59) ou à des figures de la tradition théâtrale, voire des bandes dessinées — ainsi Clappique protège-t-il son œil droit d'« un carré de soie noire, style Pieds-Nickelés », tout en parlant avec une voix bouffonnante, « nasillarde », « inspirée de Polichinelle » (*CH*, p. 29). Effectivement, nous parvenons ainsi, aux moindres frais, à nous représenter la physionomie de la plupart des personnages, mais cette caractérisation demeure assez arbitraire : certaines inflexions de voix permettent de reconnaître Tchen dont l'accent chinois est repérable aux gutturales qu'il ajoute à ses monosyllabes (« nong », *CH*, p. 63) ou Katow qui élide les voyelles (« La v'dette et les hommes », *CH*, p. 56) : détails pittoresques, mais qui ne renvoient pas aux profondeurs de la personnalité. Tout se passe comme si Malraux ajoutait des « petits faits vrais » pour créer des « effets de réel » — c'est-à-dire l'illusion du monde extérieur « référentiel » — mais qui restent du domaine de l'anecdote. Ils ont le mérite de rendre le roman plus concret sans qu'il soit encombré de données interminables et superflues, ils sont amenés avec une certaine légèreté de touche, mais là ne réside tout de même pas l'essentiel de l'art de conteur de Malraux.

Les personnages s'imposent ainsi, non comme des caractères, mais comme des présences. Malraux s'astreint encore à quelques règles du roman traditionnel, mais il a cherché surtout à intégrer dans *La Condition humaine* des apports d'une technique romanesque plus récente et, dans les années trente, à l'avant de la modernité. Comme, à la même époque chez des romanciers américains tels Hemingway ou Dos Passos, les personnages sont présentés par leur comportement. Malraux note « les mouvements, les mimiques, les intonations des personnages en action[1] ». Ferral « gravit l'escalier des vastes bâtiments de la police

141

française presque en courant », « disparaît au milieu des saluts », voit au fond du bureau du directeur de la police « un indicateur chinois, hercule paterne », puis « la gueule militaire, moins significative que ses épaules » de Martial, il le regarde d'« une expression moins de mépris, d'irritation, que de jugement », équivalent de sa « voix cassante et un peu mécanique » (*CH*, p. 80-83).

A la différence des Américains, Malraux n'utilise pas ce procédé de manière systématique et il nous introduit souvent dans les réflexions des personnages (« " Une complicité consentie, conquise, choisie ", pensa-t-il, [...] comme si sa pensée n'eût plus été faite pour la lumière », *CH*, p. 57), allant même plus rarement, mais en des passages où la méditation et la rêverie deviennent prépondérantes, jusqu'à esquisser des fragments de monologue intérieur : « Étrange sensation que l'angoisse : on sent au rythme de son cœur qu'on respire mal, comme si l'on respirait avec le cœur... » (*CH*, p. 135). Ces intrusions dans la conscience concernent avant tout les deux personnages les plus réflexifs, Gisors et Kyo dont nous saisissons ainsi la communauté de sang, la connivence de rythme intérieur, le lien de père et de fils dans les profondeurs, alors que, de l'extérieur, l'actif Kyo et le contemplatif Gisors semblent si différents. Ainsi, dans Faulkner que Malraux avait lu et préfacé, les membres d'une même famille participent-ils non seulement à la même biologie, mais, à travers elle, à un même courant de conscience dont ils représentent chacun une parcelle. Et à la même époque, dans la postérité d'Henry James, une partie du roman britannique est-il fondé, de Virginia Woolf à Huxley (surtout dans *Eyeless in Gaza* traduit en français sous le titre *La Paix des profondeurs)* en passant par Katherine Mansfield, sur la transcription du « Stream of Consciousness », c'est-à-dire d'un courant de conscience continu, qui soustend les paroles, qui en constitue le lien non manifesté et dont les dialogues ne sont qu'un prélèvement. Fragmentation en comportements, flux de la conscience et de la rêverie, c'est essentiellement sur ce va-et-vient que se fonde dans *La Condition humaine* la présence des personnages. Il semble surtout mettre en évidence la saccade des gestes, des conduites et des actes et, d'autre part, l'écoulement de la durée interne. Contrairement aux romanciers psychologiques dont le terrain d'élection était la strate intermédiaire, celle des « caractères » et des « types », il paraît, dans sa pratique romanesque comme dans l'idée qu'il se fait du genre, ne pas s'attacher en priorité à ce qu'il appelle « l'élucidation de l'individu ».

LE RYTHME D'UNE RESPIRATION

En alternant sans cesse le crépitement des faits et des actions et la longue coulée des courants de conscience, Malraux donne à *La Condition humaine* son rythme bien particulier, celui d'un organisme qui vit. Son roman est analogue à la pulsation des artères avec leur mouvement de contraction et de décontraction et plus encore au rythme d'une respiration. Les contrastes lui importent davantage que les symétries, les dissonances que l'harmonie. Aussi fait-il se succéder les séquences en extérieur et en intérieur. Après avoir accompli son meurtre dans une chambre close, Tchen se retourne vers le balcon et « se trouve en face de Shanghai ». Tchen va passer d'une traversée en taxi, puis à pied, de Shanghai à l'arrière-salle du magasin de disques pouilleux où l'attendent ses camarades. Kyo et Katow prennent le relais et marchent dans la ville pour pénétrer ensuite dans la boîte de nuit du *Black Cat* où Clappique pérore derrière une colonne au fond de la salle.

Des plans-séquences — déplacements simultanés dans l'espace et dans le temps sans raccords — « tournés » en extérieur mènent à des intérieurs où la caméra explore le champ dans sa profondeur. Les personnages se déplacent sans cesse, ce que soulignent les transitions si rapides que le lecteur les remarque à peine : « Kyo appela un taxi et se fit conduire [...] à la première ruelle de la ville chinoise [...] Dix minutes après avoir quitté Kyo, Katow, ayant traversé des couloirs, était arrivé à une pièce blanche, nue, bien éclairée par des lampes-tempête » (*CH*, p. 37). L'alternance entre les intérieurs et les extérieurs se révèle quasiment systématique. Elle s'accompagne d'un va-et-vient perpétuel entre la vie publique et la vie privée.

Le style, lui aussi, est fondé sur les mêmes effets contrastés et même, aux yeux des puristes, dissonants. Des passages proches volontairement du langage parlé, voire relâché, se mêlent à des formules immenses aux résonances infinies. Brusques stridences ou « couac » dans la symphonie, équivalents d'un coup de pistolet dans un concert. Tout au long du récit, des expressions telles que « zigouillé », « sans blagues », ou « frusques » interrompent les grands mouvements romantiques et héroïques ; en pleine tragédie personnelle et collective, Hemmelrich se rappelle « avoir vu se balader par ici deux types qui avaient des gueules à souffrir d'hémorroïdes tenaces et qui n'étaient sûrement pas là pour leur plaisir » (*CH*, p. 177). Sans doute serait-ce faire fausse route que de comparer ces ruptures de ton avec l'entreprise de dérision par Céline du noble langage en même temps que de rajeunissement de la langue écrite par l'apport de la sève de la langue familière, populaire et spontanée ou, en tout cas, de son équivalent. Malraux s'inscrit là plutôt dans une autre tradition, celle, paradoxalement, de ce que Thibaudet appelle « le style du Vicomte ». Chateaubriand, bercé une nuit par le glissement de la voiture qui le porte le long d'une route de Bohême, s'est laissé doucement entraîner dans une rêverie sur la campagne roumaine. Tout d'un coup, alors que l'évocation est en train de passer au rythme de la transe, une voix rompt l'enchantement : « " Mein Herr ! Dix Kreutzer pour la barrière ! " Peste soit de toi avec tes cruches ! j'avais changé de ciel ! j'étais si en train ! la muse ne reviendra pas ! Ce maudit Egra où nous arrivons est la cause de mon malheur[1]. » La voix de l'employé d'octroi qui réclame la redevance du péage a fait retomber « l'Enchanteur » dans la triviale réalité et l'ironie romantique mesure la distance qui la sépare du rêve. De même, Jacques Laurent affirme qu'« une race issue de Barrès se reconnaît à l'ampleur de son mouvement de violon, à la brusquerie avec laquelle il est interrompu par un coup d'accordéon[2] ». Cette formule s'appliquerait mieux encore à Malraux qu'à l'auteur du *Culte du moi* : refus de se prendre trop longuement au sérieux, désir empreint de quelque dandysme de démonter et de casser ses propres effets, désenchantement qui suit l'apogée du rêve, exercice de styliste qui, par défi, choisit d'avancer sur la corde raide, tout cela se conjugue dans le plaisir d'étonner et de détonner qu'assez souvent Malraux cultive. Ils constituent un des ingrédients d'un humour inattendu et tout à fait singulier.

1. Chateaubriand, *Mémoires d'Outre-Tombe*, 4e partie, chap. V.

2. Jacques Laurent, *Les Bêtises*, p. 122.

C'est évidemment le baron de Clappique avec ses « vingt ans de fantaisie héréditaire » qui le dispense avec le plus de constance dans le récit. Voilà un personnage qui est vraiment là « pour le plaisir ». Certes, il scelle indirectement le destin de Kyo en ne l'avertissant pas, fasciné qu'il est par la roulette, du danger qui le menace. Pour le reste, il pourrait être absent du roman sans que l'intrigue en soit sensiblement modifiée. Qu'il ait emprunté au journaliste René Guetta rencontré par Malraux au cours d'une traversée en paquebot son élocution bien à lui et certains de ses « mots-scies » donne le point de départ du personnage, mais reste du domaine de l'anecdote. Le baron ne joue pas de rôle fonctionnel dans l'histoire, mais il ne peut s'empêcher d'intervenir à tout propos et hors de propos.

Clappique se laisse porter par la griserie des mots. Comme un grand enfant, ces mots qui lui plaisent, il les reprend inlassablement, il en martèle les syllabes, il en compose des variations. Clappique est parole errante. Content de ses bonheurs d'expression, il invente ensuite les images qui les prolongeront, les récits qui les mettront en œuvre. L'entrée saugrenue de Chang-Kaï-Shek qu'il imagine ensuite n'est que broderie sur le terme initial de « talapoin », elle ne prélude pas au mot, elle en jaillit. En soi, son récit n'a ni queue ni tête, il n'est qu'illustration de sonorités inhabituelles, presque toujours de mots à trois syllabes (on songe au « tracassin », au « quarteron » et au « volapük » d'un grand ami à venir de Malraux qui n'est autre que le général de Gaulle, lui aussi gourmand de termes rares et désuets qui connotent à la fois le goût de l'archaïsme, le plaisir de désarçonner et la fantaisie du non-conformiste). Comme d'autres s'adonnent à l'écriture automatique, le baron se livre à une libre association de mots.

De cette fantaisie verbale, Clappique tire certes des effets sur son auditoire féminin ou sur des interlocuteurs, tel le comte Chpilewski, qu'il cherche à circonvenir (*CH*, p. 161). Le plus souvent, chez lui, elle n'est pas un moyen d'impressionner ou de séduire, mais elle représente le bonheur de la gratuité pure. Clappique ne cherche pas à dominer autrui, il ne pratique pas l'ironie dans ce qu'elle a d'agressif ou de grinçant, mais un humour débonnaire. La parole de Clappique dissipe la pesanteur ; en faisant danser les mots et les images, elle répand un fugace bien-être.

Clappique, s'il est égocentrique, est un être bon. Lorsque Malraux, dans un passage des *Antimémoires*, prétend le rencontrer trente ans plus tard à Singapour où la roue de la fortune l'a fait redevenir antiquaire et animateur de troupes de cinéma, il le reconnaît d'emblée à « son profil de sympathique

1. Malraux, *Anti-mémoires*, p. 384-385.

furet qui n'a pas changé », il rappelle « la sympathie bienveillante qu'il inspirait jadis à tous[1] ». Le baron se met en frais pour tous ceux qu'il rencontre, semblable en cela à Malraux toujours disponible, capable selon divers témoignages de consacrer des heures de son temps à des jeunes gens inconnus en agitant devant eux des idées foisonnantes qui jamais ne seront retranscrites. Avec « son habituel air Clappique » (*CH*, p. 293), il promène, en toute circonstance, l'aisance et l'aménité du grand seigneur. S'entretenant sans flagornerie avec les puissants, sans veulerie avec les personnages les plus douteux et les ruffians, il ne se compromet pas avec la médiocrité. Dans une de ses histoires, il ne cache pas son dédain pour cet équipage de forbans qui va « se livrer à une piraterie sans fantaisie dans une mer quelconque » (*CH*, p. 162). Même dans les aléas, même dans la déchéance, il est poète de sa vie. Sans doute parce qu'il n'a jamais mûri et qu'il ne mûrira jamais. « Gisors jugeait parfois les êtres en supposant leur vieillesse. Clappique ne pouvait vieillir » (*CH*, p. 263). Tel un enfant, il se laisse prendre en effet à ses propres contes, et il s'agit d'un des plus prodigieux conteurs de toute la littérature. Quelques réminiscences de lectures qu'il sait prolonger et faire rebondir — tel roman russe, tel fragment d'Hoffmann —, quelques détails cocasses, et tout un monde surgit : « une auberge à la Gogol, avec un pot à eau ébréché et des berlines dans la cour » (*CH*, p. 33). Un réalisme familier, drolatique, qui imperceptiblement passe au réalisme magique. Et, tout à coup, sans crier gare, une barbare grandeur : « Quand Attila est mort, on l'a dressé sur son cheval cabré, au-dessus du Danube ; le soleil couchant a fait une telle ombre à travers la plaine que les cavaliers ont foutu le camp comme de la poussière, épouvantés... » (*CH*, p. 33-34). Le délicieux Clappique est aussi un visionnaire. Ou plutôt il sait, en quelques lignes, passer du saugrenu à l'étrange et de l'étrange au seuil du fantastique.

Dans les contes de Clappique s'épanouit la verve de ce que Malraux, reprenant et revivifiant un terme d'ancien français utilisé entre autres par Rabelais et tombé ensuite en désuétude, appelle le « farfelu ». Le farfelu, c'est « la fantaisie et, plus précisément, une fontaine légère et un peu folle, dont le symbole serait la bulle[1] ». Une fantaisie aussi gracieuse et éphémère que celle du papillon (en italien, « farfalla »). C'est à la constitution d'un univers « farfelu » que Malraux s'était attaché dans ses premières œuvres de fiction *(Lunes en papier, Écrit pour une idole à trompe)* et il a publié *Royaume farfelu* en 1928, la même année que *Les Conquérants*, ce qui prouve que Malraux menait de pair peu de temps encore avant *La Condition humaine* un roman d'action inséré dans l'époque et un récit fantasque intemporel. Les histoires de

1. Vandegans, *op. cit.*, p. 118.

Clappique constituent la réalisation la plus accomplie de cette inspiration chez Malraux en même temps que son ultime avatar. « Les lapins-sonnettes, les lapins-tambours, vous savez, tous ces jolis petits bestiaux qui vivent si bien dans la lune et les endroits comme ça, et si mal dans les chambres d'enfants » (*CH*, p. 119), tout en évoquant *Alice au pays des merveilles*, n'habitent-ils pas un royaume analogue à celui des « hérissons apprivoisés », des « ours en peluche » et des « lapins pneumatiques dans un jardin français » des premiers écrits de Malraux[1]? Ils ont la même apparente candeur en même temps que la même inquiétante étrangeté.

1. Titre d'extraits de Malraux, *Écrit pour une idole à trompe*, *Œuvres complètes*, p. 35-55.

Ce petit monde farfelu est en effet double. Dans sa grâce frêle, il semble s'apparenter à une musique allègre et fluette. Clappique n'est-il pas un mouvement musical, un scherzo, autant qu'un personnage? Beaucoup de romanciers, lorsque l'action risque par trop de se tendre et de se rompre, aiment se donner comme une récréation et ménager au lecteur un moment de bonheur. Ainsi, dans *La Chartreuse de Parme*, Fabrice vient-il, au cours de son rapide et dangereux retour au village de son enfance, consulter le bon et fantasque abbé Blanès au haut de son clocher, l'œil fixé sur la petite lunette par laquelle il lit l'avenir dans les astres. La fantaisie et le brillant du scherzo interrompent un temps l'accélération dramatique du mouvement

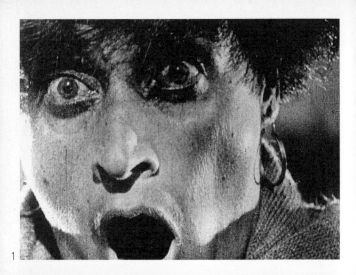

3

4

« La propagande communiste avait atteint les masses comme une inondation, parce qu'elle était la leur. Quelle que fût la prudence de Moscou, elle ne s'arrêterait plus... »
« Les paysans communistes prendraient les terres, les ouvriers communistes exigeraient un autre régime de travail, les soldats communistes ne combattraient plus que sachant pourquoi, que Moscou le voulût ou non. »
Films : *Le Cuirassé Potemkine* d'Eisenstein (1 et 3), 1925.
Octobre d'Eisenstein (2 et 4), 1927.

Ph: Cinémathèque française.

vers le désastre et la mort. Mais, en même temps, dans *La Condition humaine*, ils ont partie liée avec le drame. C'est dans la nuit que toujours s'essaie et se perd la petite musique de Clappique, comme si elle cherchait, sans y parvenir plus qu'un moment de grâce, à conjurer les puissances hostiles à l'affût.

VII LES TROUÉES DU SACRÉ

L'UNIVERS EST DANS LA NUIT

Il est un autre terme rare que Malraux affectionne au même titre que le « farfelu », c'est celui de « fuligineux ». Le fuligineux, c'est ce qui est noirâtre, couleur de suie. Cette teinte est si opaque qu'elle prend de la consistance, qu'elle devient comme un bloc compact. Elle mêle et brouille les lieux, elle s'agglutine ceux qui s'y hasardent. Mais, en même temps, du fuligineux montent parfois de soudaines fulgurations. La nuit est la matrice originelle, à la fois lieu de l'indistinction primitive et du développement de l'embryonnaire. C'est « la grande nuit primitive derrière cette nuit dense et basse sous quoi guettait la ville déserte, pleine d'espoir et de haine » (*CH*, p. 57).

La majeure partie du roman se déroule la nuit : 201 pages sur 329[1]. Kyo

1. *CH*, p. 9-79 ; 116-122 ; 133-159 (soit toute la 3e partie) ; 211-236 ; 237-277 (soit toute la 5e partie) ; 279-290 ; 296-310.

154

voit, « à travers une lumière bleuâtre de soir de printemps » (*CH*, p. 133) Han-Kéou apparaître et, après avoir mesuré l'impasse de la situation à travers sa remontée du fleuve et ses entretiens avec Vologuine et Possoz, il retrouve « la paix nocturne. Pas une sirène, rien que le bruit de l'eau » (*CH*, p. 158). Il aura découvert la ville l'espace d'une nuit. Par ailleurs, presque tous les événements importants à Shanghai, du meurtre commis par Tchen à la mort de Kyo et de Katow, en passant par les préparatifs de l'insurrection, le grand échange d'idées entre Gisors et Ferral, l'attentat manqué contre Chang-Kaï-Shek et la mort de Tchen, le jeu de Clappique à la roulette, la dernière marche commune de Kyo et de May le long des rues désertes, l'arrestation de Kyo, l'attente, le lendemain, du supplice par les militants voués au massacre, se situent entre six heures du soir et six heures du matin. Il s'agit des faits les plus intenses, les plus dramatiques et les plus tragiques. La nuit est le lieu de la solitude, de l'échec et de la mort. En revanche, le jour est plus propice aux événements épiques et positifs — manifestations des ouvriers en grève le long des quais jusqu'au fond des rues perpendiculaires, combats victorieux des révolutionnaires au cours de la journée du 22 mars —, aux activités dans lesquelles Ferral fait preuve de son énergie et de son esprit de décision, et, à l'autre bout, aux moments contemplatifs et apaisés — la conversation avec le peintre Kama — ou aux hauteurs méditatives de la septième et dernière partie, « dans toute la lumière du printemps » japonais. Le registre diurne convient à l'action ouverte et constructive ou permet de prendre de la hauteur. La proportion inégale des séquences de jour et de nuit permet de déceler une prépondérance du tragique.

Mais il ne faudrait pas réduire le roman à cette confrontation de deux ensembles aux contours aussi nets, aux caractéristiques aussi contrastées. Les séquences nocturnes ne s'épuisent pas dans cette accélération du temps et cette mise à mort différée qui caractérisent le monde de la tragédie. Trois éléments sont inséparables dans les épisodes nocturnes : un pathétique lié à l'action, à l'histoire ; une inquiétante fantasmagorie qui constitue un climat, un milieu nocturne perçu dans cet état second de nuit blanche prolongée où, à une heure avancée, la veille et le songe ne parviennent plus guère à se distinguer ; des trouées spéculatives amenées par des discussions idéologiques ou métaphysiques ou le surgissement des lueurs lointaines et des astres. Une tragédie, un mauvais rêve et des présences surréelles se combinent intimement. Ainsi, le passage où Kyo attend le transbordeur qui va le mener à Han-Kéou, puis voit sur le fleuve la ville monter dans le soir et marche à travers les rues désertes (*CH*, p. 134-135), est évidemment le nœud de la tragédie. Chaque détail, dans cette découverte progressive de la « capitale de la révolution », devient pour Kyo un indice, se charge de signification. Indices d'espoir : « un bataillon [qui se perd] dans la nuit accumulée en brouillard au ras du fleuve [...], et criblé de toute une illumination » ; « un chantier de blocs énormes : ceux des murailles, rasées en signe de libération de la Chine ». Indices inquiétants : les grandes banques fermées sans être occupées ; les cheminées des manufactures de l'Ouest sans aucune fumée, avec seul l'Arsenal en activité. Le destin de tous les siens et de May et de lui-même peut se lire dans le vide de cette cité. L'anxiété de Kyo s'accroît au fur et à mesure qu'il s'enfonce dans ce paysage nocturne et se mue en angoisse. Dans *Les Conquérants*, Malraux en serait resté au dénombrement de ces indices. Mais ici, le grouillement insolite des « métiers lunaires », « les médecins aux crapauds-enseignes », « les marchands d'herbes et de monstres », « les astrologues », « les diseurs de bonne aventure » émergent de la nuit des temps. « La lumière est trouble », la nuit « s'accumule en brouillard », « on sent au rythme de son cœur qu'on respire mal ». Tous ces mauvais présages se conjuguent pour constituer un climat de cauchemar. Mais, simultanément, une sérénité hors du temps baigne ce paysage « d'une phosphorescence bleuâtre » ; « le dernier éclat de ce soir unique qui se passait très loin, quelque part dans les mondes [... luit] faiblement », « une lumière sans source [semble] émaner de la douceur venue de l'air et rejoindre très haut l'apaisement de la nuit ». Un ordre cosmique et intemporel se superpose à l'ordre terrestre et historique. C'est de cette union de deux plans de réalité que naît la poésie nocturne de *La Condition humaine*, de cette imbrication constante du tragique humain, de la lourde inquiétude qui suinte des choses et de l'impassibilité lointaine des constellations. Malraux, frère en cela des romantiques allemands, de Novalis à Jean-Paul en passant par Hoffmann, de Nerval à Baudelaire aussi, s'enracine dans le terreau de la nuit. Chez lui, la nuit n'est pas simple absence de jour, elle a sa densité et sa clarté, elle constitue comme un élément. Elle laisse entrevoir des secrets, elle semble prête à dispenser des révélations, même si, à la différence de la nuit de Novalis, elle ne les explicite pas. Le chaos est riche de possibilités latentes, la nuit unit ce que le jour compartimentait et séparait. Malraux explore le monde et ses virtualités infinies non seulement par l'action, mais aussi par la voie des ténèbres.

Selon qu'elle est perçue par tel ou tel personnage, la nuit fait varier ses significations. Liée à Tchen, c'est la « nuit désolée de la Chine des rizières et des marais » qui gagne l'avenue presque abandonnée, celle où « les lumières troubles des villes de brume » (*CH*, p. 233) cachent et éclairent celui qui va donner la mort et qui l'attend, où « l'arc allumé d'enseignes à peine visibles devant les ténèbres du fleuve semble les portes mêmes de la mort » (*CH*, p. 234). La nuit, origine du monde, va recouvrir son empire. De la nuit est née la vie et la vie débouchera dans la nuit de la mort. En revanche, vue par Clappique, c'est la nuit où danse l'imaginaire : dans « la nuit anxieuse où les réverbères tout à l'heure brouillés faisaient de grands ronds tremblotants sur les trottoirs » (*CH*, p. 245), passent l'angoisse et l'odeur de la mort. Mais, en même temps, s'accomplit la transfiguration : la « lueur mate de la lune » métamorphose ce décor abandonné et sinistre en « vie extra-terrestre », en « cité engloutie », en « ville-au-désert-dormant », « avec [ses] mosquées sous la lune » (*CH*, p. 244) comme dans *Les Mille et Une Nuits*. Sans la nuit, le monde ne serait que vide, il ne pourrait être légende.

CAPITALE DE LA DOULEUR

La nuit enveloppe la ville et fond le chaos de ses quartiers, la multitude des destinées qui s'y entrecroisent et s'y perdent, dans une massive présence. En dehors de la troisième partie (Han-Kéou, mais, là encore, il s'agit d'une ville) et de la septième partie (le Japon), nous ne quittons pas Shanghai ou, plutôt, Shanghai ne nous quitte pas. Carrefour des solitudes, lieu de transit des exilés, débarcadère des existences manquées, dépotoir ultime des épaves du monde entier ; masse informe dans la prolifération de ses avenues désertes, de ses quais et de ses venelles grouillantes. L'unité d'atmosphère du roman, c'est la grande nuit de Shanghai avec ses vies multiples où les êtres passent, comme le dit Thibaudet en commentaire au sonnet de Baudelaire *A une passante,* « l'un à l'autre étrangers, l'un près de l'autre voyageurs » ; c'est cette fusion de la nuit et de la ville dans une même buée de rêve, dans un même halo d'étrangeté sous le signe de la mort.

La ville est souvent plongée dans le silence (*CH*, p. 41). Silence certes d'une heure avancée de la nuit dans des rues écartées de quartiers quelconques. Mais il s'agit surtout du calme étrange qui précède la tempête. Il prélude à l'imminence d'événements dramatiques et tragiques ; il est chargé de présages.

Sur la nuit et la ville pèsent l'humidité (« les rails déserts et les flaques des averses luisaient faiblement », *CH*, p. 16), la brume (« la brume, nourrie par la fumée des navires, détruisait au fond de l'avenue les trottoirs pas encore vides *CH*, p. 234), la fumée (« Des croiseurs et des paquebots [...] montaient les masses obliques de fumée que le vent lourd dissipait dans le sens de la course des insurgés, comme si le ciel eût participé à l'insurrection », *CH*, p. 93). Cette insistance sur les lumières ternes, les ciels bas, les clairs-obscurs évoque certes le noir et blanc des films de l'époque. Un film soviétique d'Ilya Trauberg, *Le Train mongol* (film de 1928), préfigure l'atmosphère de *La Condition humaine* : même cadre géographique et historique, même fantasmagorie de silhouettes et d'ombres dans la nuit, et, au début, une limousine glisse sur une allée, emmenant un « capitaliste européen à fine moustache arrogante » tel qu'est décrit Ferral. Le début des *Docks de New York*, la même année aux États-Unis, une réalisation de Sternberg, surgit, lui aussi, dans le même paysage portuaire de brumes, de fumées et de charbon que la Shanghai de Malraux. Comme pour la conduite du récit, Malraux, dans sa mise en présence de la ville, est très redevable pour l'éclairage au cinéma. « Les nuages bas et lourds avançaient dans le sens de leur marche, au-dessous du jour jaunâtre, avec un mouvement incertain et pourtant impérieux de destinées » (*CH*, p. 183) ; « De la vaste fenêtre pleine de lambeaux de nuages, Ferral regarda l'auto s'éloigner » (*CH*, p. 115). Chacune de ces notations évoque un plan de cinéma, qu'il s'agisse du cadrage, de la lumière ou du mouvement des objets. Malraux, en préférant aux notations de couleurs vives les effets contrastés de noir et de grisaille, refuse délibérément les facilités de l'exotisme.

Mises à part quelques allusions aux violentes averses tropicales, *La Condition humaine* pourrait se situer dans n'importe quel grand port d'Europe ou d'Amérique du Nord. Malraux, nous le savons, n'a séjourné à Shanghai que très brièvement, il est impossible de suivre sur un plan de la ville les déplacements des personnages, les références topographiques (l'avenue des Deux-Républiques, Chapei, Nanking Road) peuvent se compter sur les doigts d'une seule main. En revanche, il connaît très bien Anvers et Amsterdam. Dunkerque est le berceau de sa famille paternelle, et l'éclairage prédominant est en effet celui des ports de la mer du Nord, tandis que ce n'est sans doute pas un hasard si Clappique passe avec une serveuse flamande sa dernière nuit à Shanghai. Mais, par-delà ces raisons biographiques, le refus du pittoresque exotique conventionnel correspond à un choix esthétique. Le Shanghai de Malraux doit plus à des lectures ou à des réminiscences de films qu'à des souvenirs de voyage. Une ville portuaire sous une lumière plombée, c'est le monde de Mac Orlan, très lu dans les années vingt, de Simenon dont l'œuvre copieuse vient de commencer, ou celui de réalisations cinématographiques de Delluc (*Fièvres*), de Pabst (Londres dans *L'Opéra de quat'sous*). Shanghai participe « à la mélancolie propre à notre temps telle qu'elle a été étrangement renouvelée par

1. Drieu la Rochelle, *op. cit.*, p. 288.

le cinéma et le disque[1] ». C'est le grand « blues » de son époque qui vibre à travers Shanghai, comme ailleurs à Berlin ou New York. Une fois de plus se vérifient les affirmations de Malraux lui-même : une œuvre d'art emprunte moins à l'expérience vécue qu'à d'autres œuvres d'art.

Ces marches dans la ville sous la chevauchée des nuages, ces alternances constantes de nuit opaque et de nuit translucide correspondent donc à une volonté de stylisation, à la recherche d'une unité d'atmosphère. Elles sont aussi à l'image des oscillations des vies que ces nuées et ces fumées recouvrent. A partir de Shanghai, Malraux s'est attaché à montrer l'isolement et l'incertitude des habitants des grandes villes de la Modernité. La foule atomisée d'individus séparés, perdus dans leurs songes et leurs angoisses, qui hante ses rues fantômes, parcourt la ville emblématique du monde contemporain, celle qu'Éluard sept ans auparavant appelait « la capitale de la douleur ».

L'ILLUSION, LE VOULOIR-VIVRE ET LA PITIÉ

Cette ville blafarde ou noyée de nuit et de pluie apparaît comme le lieu même de l'illusion. Elle s'enveloppe de ce que Schopenhauer appelle le « voile de Maya ». Dans la mythologie hindoue, le

Dieu glisse de rêve en rêve et « la Maya est en Dieu l'énergie onirique créatrice qui projette comme des bulles toutes les formes créées pour les faire à nouveau s'évanouir dans le flot de l'informe[1] ». Mû par cette puissance de rêve, l'univers bouge et s'agite sans ordre et sans structure. Sans cesse mobile, évanescent, l'univers toujours en devenir se manifeste comme une série discontinue d'apparences. Les points de repère sont insaisissables, les phénomènes toujours brouillés et éphémères. Ce voile cache-t-il la réalité ? Certains hindouistes et, à leur suite, Schopenhauer, vont plus loin : il n'y a pas de substance, le monde se réduit à cette succession d'apparences inconsistantes. Lorsque Clappique affirme qu'il n'y a pas d'êtres humains, mais seulement des fantômes, sans doute — mais le sait-il ? — il n'est pas loin de cet enseignement. Pour Gisors aussi, « il faudrait que les hommes puissent savoir qu'il n'y a pas de réel, qu'il est des mondes de contemplation — avec ou sans opium — où tout est vain » (*CH*, p. 233). En dehors de ceux qui se prouvent leur existence dans l'action, les personnages de *La Condition humaine* nient la réalité d'un monde qui se dérobe à leur prise.

Si ce qu'il est convenu d'appeler la réalité n'est que perpétuel écoulement de leurres, ne conviendrait-il pas de la considérer avec détachement comme un théâtre d'ombres ? Lorsque, de surcroît,

1. Heinrich Zimmer, *Maya*, p. 72.

ces phénomènes illusoires apportent la souffrance, ne vaut-il pas mieux s'en abstraire ? Dans l'opium en effet, Gisors se délivre fugitivement de la vie. Mais c'est le même Gisors qui, face à l'inanité des choses, affirme tout de même l'existence des hommes (*CH*, p. 262). C'est que l'humanité, et plus généralement l'ensemble de ce qui vit, instinctivement cherche à se réaliser et lutte contre les autres êtres pour maintenir la forme de vie qui est sienne. La « volonté de vivre », selon Schopenhauer, est première, constitutive. Elle ne dérive pas de l'opinion que la vie est un bien. Tout au contraire, c'est parce que la volonté de vivre s'impose à nous, avec une force tyrannique, que nous conférons une valeur à la vie. « La volonté, considérée purement en elle-même, n'est qu'une poussée aveugle et irrésistible[1]. » Notre existence se confond avec cette volonté première. Ensuite, elle se représente des raisons de vivre, elle arrive à savoir ce qu'elle veut, elle se précise des objectifs. La vie n'est rien de plus que l'image que cette volonté se forge d'elle-même.

Mais cette « volonté de vivre » se heurte à des obstacles, elle connaît l'échec et, dans la conscience de cet échec, la souffrance. Comme les raisons de vivre que nous nous sommes fixées sont parfaitement arbitraires et variées, la sagesse serait de nous retirer de ce monde par l'indifférence et le suicide. Nous trouverions ainsi le repos. C'est ce

1. Schopenhauer, *Le Monde comme volonté et comme représentation*, IV, § 54.

que chante Isolde dans l'opéra de Wagner, tandis que, face au corps de Tristan, montent les vagues de la mort comme celles de la mer : « Unbewusst, höchste Lust » (« N'avoir plus conscience de rien, suprême joie »). A quoi fait écho l'épitaphe que Rilke s'est choisie : « Joie de n'être plus le sommeil de personne sous tant de paupières. » Mais les mortels, pour la plupart, n'arrivent pas à surmonter leur volonté irrépressible de vivre et ils poursuivent leur existence, soit en se laissant porter par des espérances fallacieuses, soit tout simplement parce qu'ils ne peuvent s'empêcher de continuer. « Dur désir de durer », courage, stoïcisme, autant de manières pour eux de justifier une pulsion originelle à laquelle ils s'abandonnent. Il devrait faire horreur, ce monde qui n'est que douleur et solitude. Mais il est possible d'atténuer la souffrance et le désespoir par la pitié. Nous pouvons nous lier à nos compagnons de chaîne, essayer, par l'entraide, de rendre cette existence un peu plus supportable, nous ouvrir à eux par la compassion. Drieu la Rochelle l'a bien vu : « Ce qui attire Malraux vers les révolutionnaires et le lie à eux, c'est la pitié. Tout ce livre écrit par un homme qui a la réputation d'un violent et d'un méprisant est imprégné d'un attendrissement désespéré pour la condition des hommes[1]. » Cet arrière-plan philosophique éclaire en partie le récit de la mort de Kyo : « Gémir avec

1. Voir Dossier, p. 215.

cette foule couchée, rejoindre jusque dans son murmure de plaintes cette souffrance sacrifiée [...] Il mourrait parmi ceux avec qui il aurait voulu vivre ; il mourrait, comme chacun de ces hommes couchés, pour avoir donné un sens à sa vie [...] Il est facile de mourir quand on ne meurt pas seul » (*CH*, p. 304). Plus encore, il rend compte du sacrifice de Katow : faire don de son cyanure qui procurera une mort quasi instantanée à Souen et à son compagnon, sanglotants, parce qu'ils risquent de perdre leur dignité, de mourir « mal » ou tout simplement parce qu'ils sont secoués d'une terreur sans fond, c'est le geste de la pitié absolue.

LA SOUFFRANCE ET LA PAIX

La Condition humaine n'est évidemment pas l'illustration ou la mise en récit de la métaphysique de Schopenhauer, pas plus que de n'importe quel autre système. Malraux met à l'épreuve la pensée d'un philosophe dans une situation concrète, il ne prétend pas y trouver la clé de toutes les énigmes. C'est que sa propre pensée est beaucoup plus inter-rogative qu'explicative et il pose les questions fondamentales sans prétendre les résoudre. En tout cas, que Malraux se réfère à Schopenhauer — aussi bien du reste qu'à Pascal ou à Nietzsche — montre les limites de ses liens avec le communisme. S'il se rapproche des communistes dans l'action politique, il reste foncièrement étranger, dans sa métaphysique, à leur vision du monde. Laisser entendre, comme certains personnages ou comme certaines scènes, que la réalité n'est qu'une succession discontinue d'apparences va à l'encontre du matérialisme marxiste pour qui le monde existe indépendamment de la pensée et lui est antérieur. Le pessimisme de l'œuvre — l'accent mis sur la séparation, la solitude, la souffrance — est loin aussi de l'optimisme marxiste, dans la mesure où celui-ci prolonge l'esprit de la Renaissance et celui des Lumières. Malraux voit dans la Révolution une remise en question du monde plutôt que son accomplissement. En fait, « la résistance au communisme dans Malraux [...], c'est un fond de religiosité[1] ». De religiosité et non, bien sûr, d'adhésion à une religion. Malraux se préoccupe des causes premières, du sens, des fins dernières. Il se pose avec intensité le problème du Mal. Les personnages de Malraux sont confrontés à des situations limites, c'est-à-dire des situations que chaque homme rencontre un jour ou l'autre sans pouvoir les éluder — la solitude, la souffrance et, bien sûr, la mort. Elles sont irréductibles : aucun subterfuge, aucun faux-fuyant ne peut les ramener à autre chose qu'à elles-mêmes, parce que, si elles sont révélées par les circonstances, elles les dépassent de toute part. Elles ne

1. Voir Dossier, p. 215.

168

sont pas propres à une société ou à un moment historique particulier, elles coïncident avec la condition humaine, elles sont la condition humaine. D'où l'insistance avec laquelle Malraux représente des données par rapport à quoi aucun recul n'est possible, aucune prise de distance : la douleur physique, la torture, le moment où un être encore vivant est sur le point d'être anéanti, de passer à son contraire absolu, que ce soit, dans la scène d'ouverture du roman, l'homme qui dort et que Tchen va poignarder (« un seul geste, et l'homme serait mort ») ou l'attente du supplice pour les condamnés rassemblés avant d'être brûlés vifs dans la chaudière d'une locomotive. Face à l'innommable, aucune tentative de réduction, d'explication, de justification ne tient.

Alors, « que faire d'une âme, s'il n'y a ni Dieu ni Christ ? » Gisors, pour répondre à cette question de Tchen au moment où ce dernier se déprend de sa foi religieuse, « ne lui oppose pas d'arguments, mais d'autres formes de grandeur ». Il ne lui propose pas un système rationnel, clos sur lui-même, mais une manière d'être, de même hauteur que la Foi et qui, elle, ne supposerait pas le renoncement et l'humilité. A la fin de *La Tentation de l'Occident* déjà, Malraux, sous la plume de A.D., affirmait : « Certes, il est une foi plus haute : celle que proposent toutes les croix des villages, et ces mêmes croix qui dominent

nos morts. Elle est amour, et l'apaisement est en elle. Je ne l'accepterai
jamais ; je ne m'abaisserai pas à lui
demander l'apaisement auquel ma faiblesse m'appelle » (*TO*, p. 111). C'est
par fierté — Smithson dit « par orgueil »
— que Malraux refuse, sans la moindre
équivoque, cette paix dont il a la nostal-
gie, mais qui lui semblerait une abdica-
tion.

Récuse-t-il pour autant toute possibilité de rencontrer l'apaisement et la sérénité ? Certes, la plupart des protagonistes
du roman, raidis dans leur refus de toute
solution de facilité, ne les entrevoient
que fugitivement. Certaines lueurs pourtant, certains moments de grâce aussi
suggèrent et imposent subtilement la
présence d'un autre plan de réalité, une
réalité qui serait à la fois supérieure au
défilé éphémère des apparences et accor-
dée à ce que Malraux nommera plus
tard la « réalité intérieure ».

« UN AU-DELÀ PRÉSENT »

Une image revient avec constance dans
La Condition humaine, celle de la
trouée : trouée de la lumière des étoiles
et de la lune dans la nuit, trouée du ciel
dans la nappe des nuages (*CH*, p. 23,
115, 123, 135, 244, 334). A travers cette
« éclaircie », cette « déchirure », ces
« lambeaux de nuages », se matérialise
un « ailleurs ». Indifférence des constel-

André Malraux en 1931-1932. Ph. Roger Parry.

lations, énigmatique présence qui sur-
plombe à une distance infinie l'agitation
des hommes, ce rayonnement émane
d'une source que l'agnostique ne peut
nommer et qui est le « Tout-Autre ».
Plus tard, Malraux découvrira dans les
« plus vieilles formes gouvernées » des
œuvres d'art son équivalent et même son
principe ordonnateur. « Autre chose
existe, qui n'est pas apparence et ne
s'appelle pas toujours Dieu[1]. » Cet autre
monde ainsi déborde de toute part les
manifestations de la vie. Malraux
n'adhère pas à un panthéisme qui divi-
niserait la Nature. Mais il ne met pas
non plus sa foi dans le Dieu personnel
des religions monothéistes qu'il ne nie
pas, mais dont il ne peut affirmer l'existence. Ni croyant ni panthéiste ni athée,
Malraux ne peut que constater la présence du Sacré : un principe supérieur
qui ne se confond pas avec les apparences tout en les imprégnant, un
Absolu qui inspire la fascination et la
crainte respectueuse à la fois. « Pas
nécessairement infernal ou paradisiaque,
pas seulement monde d'après la mort :
un au-delà présent[2]. »

Cet au-delà, pour Malraux comme
pour Breton (« Est-il vrai, Nadja, que
l'au-delà, tout l'au-delà, soit dans cette
vie ? »), ne renvoie pas à d'autres sphères
« n'importe où, hors du monde ». Il se
situe ici-bas et c'est ici-bas qu'il peut être
capté. Longtemps, « Malraux avait été
écartelé entre le réel, l'apparence et cet

1. Malraux, *Le Surnaturel*, p. 7.

2. *Ibid.*

1. Claude Tan-
nery, *Malraux
l'Agnostique ab-
solu*, p. 372.

2. Tadao Take-
moto, cf. Biblio-
graphie, p. 247.

3. Malraux, *L'In-
temporel*, p. 224.

au-delà. Sans cesse, il avait espéré qu'il lui serait possible soit de valoriser l'un de ces deux domaines, en lui soumettant l'autre, soit de les fusionner en un seul[1] ». Ce sera seulement à la fin de sa vie en 1974, au cours d'un voyage au Japon, qu'il a éprouvé une expérience essentielle à ce que l'on appelle l'Illumination. Pour la première fois[2], il a éprouvé ce que, jusque-là, il ne pouvait que concevoir intellectuellement : le lien entre l'apparence et l'« autre chose », sans antagonisme, comme le revers et l'envers d'une même unité. Il a perçu « le langage de la Réalité intérieure qui préexiste à l'art mais que l'art révèle[3] ».

La musique représentait déjà, dans *La Condition humaine*, une semblable trouée dans le bruit et la fureur des activités terrestres. le peintre japonais Kama, après s'être entretenu avec Gisors, Kyo et Clappique, de son art, de l'accord avec la vie, de la mort vaincue, a pris congé et regagné sa chambre, suivi de son disciple. « Dans le silence, commencèrent à tinter des notes de guitare ; elles s'organisèrent bientôt en une chute lente qui s'épanouit en descendant, jusqu'aux plus graves longuement maintenues et perdues enfin dans une sérénité solennelle [...] — Il joue du shamisen [...] Il m'a dit, en revenant d'Europe : " Je sais maintenant que je peux retrouver n'importe où mon silence intérieur..." » (*CH*, p. 192). La musique de Kama, c'est elle qui permet à l'âme de s'écouter dans le silence, de se relier au « grand silence hors du temps ».

Plus tard, dans le roman, après la disparition de tant d'êtres aimés, Gisors confie à May : « Depuis que Kyo est mort, j'ai découvert la musique. La musique seule peut parler de la mort » (*CH*, p. 334). La musique et la lumière vont se fondre. La musique sera à la nuit ce que la lumière qui émane des œuvres d'art comme de « l'éblouissement du printemps japonais » est au jour. Tout se répond et tout se rejoint : « Même le sang, même la chair, même la douleur, même la mort se résorbaient là-haut dans la lumière comme la musique dans la nuit silencieuse : il pensa à celle de Kama et la douleur humaine lui sembla monter et se perdre comme le chant même de la terre » (*CH*, p. 335-336).

Est-ce à dire que pour Gisors — et pour Malraux — la mort cesse d'être perçue comme un scandale ? May serait fondée de penser en écoutant le plain-chant de communion avec le monde de Gisors : « Mais pendant que vous vous délivrez de votre vie, d'autres Katow brûlent dans des chaudières, d'autres Kyo » (*CH*, p. 334). En fait, ni Gisors ni Malraux ne résorbent le défi de la mort dans l'acceptation amorphe ou dans l'esthétisme. La souffrance et la mort, dans la vision de Gisors, cessent seulement de séparer les hommes entre eux, de séparer les hommes de l'univers. Elles les unissent dans le même mouvement pathétique et sublime. Ce n'est pas la mort qui est vaincue, c'est la solitude. Et c'est aussi le non-sens. Au cours d'une conversation engagée avec Malraux à Princeton en 1937, Einstein avait affirmé : « Le plus extraordinaire est que le monde ait certainement un sens. » A quoi Malraux avait répondu : « Il reste à savoir pourquoi ce sens se soucierait des hommes. » Il dissociait à l'époque la signification de l'univers[1] et celle de l'homme. La « condition humaine », ce serait alors l'affirmation de Vincent Berger dans *Les Noyers de l'Altenburg* : « Nous savons que nous n'avons pas choisi de naître, que nous ne choisirons pas de mourir [...] Que nous ne pouvons rien contre le temps. Qu'il y a entre chacun de nous et la vie universelle une sorte de crevasse [...] Chaque homme [...] ressent — et presque toujours tragiquement, du moins à certains instants — l'indépendance du monde à son égard » (*NA*, p. 127). A la fin de sa vie, Malraux comble cette crevasse. Une transcendance « englobe » à la fois les hommes et le monde. Ce qu'annonçait déjà Gisors lorsque, « contemplant l'agitation de tous ces êtres inconnus qui marchaient vers la mort dans l'éblouissant soleil », il songeait : « Tout homme est fou, mais qu'est une destinée humaine sinon une vie d'efforts pour unir ce fou et l'univers » (*CH*, p. 335).

Cette entreprise n'est pas vaine, car un univers de signes suggère la transcen-

1. Malraux, *Anti-mémoires*, p. 344.

dance et y conduit. « Le monde, dit Kama, est comme les caractères de notre écriture. Ce que le signe est à la fleur, la fleur elle-même, celle-ci (il montra l'un des lavis), l'est à quelque chose. Tout est signe. Aller du signe à la chose signifiée, c'est approfondir le monde, c'est aller vers Dieu » (*CH*, p. 190). Les choses et les formes ne sont pas illusion, elles sont allusion à ce que Malraux, selon l'expression commune à Jaspers et à nombre de grands spirituels extrême-orientaux, appelle « L'Englobant ». « Il existe un englobant que le mot *faire* ne suffit pas à saisir, le domaine [...] qui, pour l'homme, ne se rapporte pas seulement à lui. L'englobant des dieux et de la mort, le temps non chronologique, l'éternité des religions [...]. Peut-être l'approchons-nous en y rassemblant tout ce sur quoi l'homme est sans prise, l'insaisissable que les religions habitent, mais qu'elles n'emplissent pas[1]. » L'écriture chiffrée du monde et des œuvres d'art le laisse deviner et, dans *La Condition humaine*, aussi bien la méditation et la vision de Gisors que la peinture et la musique de Kama.

Quarante ans avant la révélation de la cascade de Nachi et la rédaction de *L'Intemporel*, Malraux n'a pas encore connu, par l'expérience, l'évidence de cette unité transcendante. Dans *La Condition humaine*, il maintient la tension entre un tragique irréductible et l'intuition d'une réalité supérieure salva-

1. Malraux, *L'Intemporel*, p. 130.

trice. Deux voies y restent possibles pour magnifier la condition d'homme : celle du combat fraternel et celle de la contemplation sereine et, entre elles, Malraux, à ce moment, n'a pas encore vraiment choisi. Il tient les « deux bouts de la chaîne », il reste à la croisée des chemins. Mais, comme le souligne Claude Tannery, « il est hautement significatif que toutes les dernières pages de tous les romans de Malraux, sauf le premier (*Les Conquérants*), soient un hymne à la vie et que le corps de tous ses essais soit un approfondissement du mystère de la vie[1] ». Vincent Berger, après avoir échappé à la mort, dans *Les Noyers de l'Altenburg*, voit se lever de la nuit « la miraculeuse révélation du jour » (*NA*, p. 290). Malraux lui-même, lorsqu'il écrit *Lazare*, récit de son séjour dans les « limbes », formule le vœu que « le dernier prophète vienne hurler à la mort : il n'y a pas de néant[2] ! ».

Dans les années cinquante, en pleine vogue des philosophies de l'Absurde auxquelles on l'a si souvent et si abusivement assimilé, Malraux opposait au mythe de Sisyphe celui des Argonautes et montrait dans l'art moderne « un art de Grands Navigateurs[3] ». Son affirmation de l'Être devait encore, dans les dernières années de sa vie, s'amplifier jusqu'au plain-chant. Pour se lancer dans cet élan d'explorateur et connaître cette plénitude de grand spirituel, il lui fallait d'abord — et c'est l'époque de *La*

1. C. Tannery, *op. cit.*, p. 314.

2. Malraux, *Lazare*, p. 250, in *La Corde et les Souris*, p. 622.

3. Malraux, *Les Voix du silence*, p. 62.

Condition humaine — passer par la Nuit où tout futur initié doit être, un temps, immergé, et écouter, comme dans la voix de l'inscription de Thèbes, « le cortège des morts, avec son bruit d'abeilles[1] ». Mais, déjà, dans son roman, il laissait entrevoir un accord de la condition humaine avec l'Être du monde. En 1932, un an avant sa publication, il pressentait déjà comment il allait y parvenir : « Mes vœux sont de pousser très loin le tragique. La sérénité deviendra alors plus poignante que la tragédie elle-même[2]. »

1. Malraux, *La Corde et les Souris,* p. 378.

2. Lettre à Kyo Komatsu, in Takemoto, *op. cit.,* p. 33.

DOSSIER

ÉLÉMENTS BIOGRAPHIQUES

Nous développerons davantage la biographie de Malraux jusqu'à la publication de *La Condition humaine*.

1901   3 novembre : naissance à Paris d'André Malraux. Malraux est issu, d'un côté, d'une famille bourgeoise flamande en déclin, de l'autre, d'un milieu de petits commerçants. Malraux est, dans l'acception sociologique du terme, un « déclassé », tiraillé entre plusieurs appartenances, au même titre que l'enfant naturel Louis Aragon et que Pierre Drieu la Rochelle. Ces considérations seraient anecdotiques si ces trois écrivains n'apparaissaient comme les plus représentatifs de leur génération. Ils ne sont issus ni d'une bourgeoisie solide, ni de couches moyennes ascendantes et cherchent à compenser — ainsi que Céline — l'incertitude de leur statut social en jurant d'éblouir et de s'éblouir. Leur mythomanie, leur goût du panache, du faste et de la splendeur, leur conception aristocratique de l'existence sont en partie une réaction contre une enfance et une jeunesse humiliées.

1905   Séparation des parents d'André Malraux. Installation à Bondy où Malraux habitera jusqu'à l'âge de dix-neuf ans (1920). « Je n'aime pas ma jeunesse. La jeunesse est un sentiment qui vous tire en arrière. Je n'ai pas eu d'enfance » (interview à Emmanuel d'Astier).

1915   Entre à l'école primaire supérieure de la rue de Tur-
        bigo. Malraux ne suit pas la « voie royale » scolaire
        des « héritiers » culturels. Comme ses contempo-
        rains André Breton, Éluard et Céline, il appartient à
        la première génération de grands écrivains qui n'ont
        pas été nourris d'« humanités » classiques. Ils n'ont
        pas appris le latin et le grec, mais se passionnent
        pour la littérature française moderne et pour les lit-
        tératures étrangères (allemande et russe pour Mal-
        raux). Immenses lectures, de Balzac, Stendhal,
        Michelet et Barrès à Tolstoï et Dostoïevski. Fré-
        quente assidûment le théâtre, les concerts, les
        expositions et, comme Breton et Aragon, les ciné-
        mas.

1918   N'est pas admis au lycée Condorcet. Abandonne
        ses études secondaires. En hantant, avec une
        curiosité insatiable, les librairies d'occasion et les
        bouquinistes, « il s'est fait une culture à lui, d'ency-
        clopédiste fureteur et de comparatiste impénitent »
        (Jean Lacouture).

1920   Parution du premier article de Malraux : *Des ori-
        gines de la poésie cubiste*. Se consacre pour les
        éditeurs Doyon et Simon Kra à la publication
        d'auteurs rares et d'ouvrages illustrés à tirage res-
        treint. Collabore à la revue non conformiste et révo-
        lutionnaire *Action* (qui publie aussi bien Max Jacob,
        Cendrars, Aragon que Gorki, Blok ou Ehrenbourg).
        Devient un habitué du musée Guimet (art
        d'Extrême-Orient).

1921	Rencontre de Clara Goldschmitt, d'une famille aisée d'origine allemande (cf. May) et juive, ce qui sent doublement le soufre en période « bleu horizon » d'après l'armistice. C'est une jeune femme intelligente, pleine de vitalité, d'esprit ouvert et cultivé.
1921-23	Nombreux voyages en Europe, en particulier en Europe centrale où le couple découvre l'expressionnisme. Envisage de diffuser les films expressionnistes en France.
1923	Effondrement des valeurs boursières sur lesquelles est bâtie leur fortune. Malraux, ruiné, trouve un moyen de recouvrer l'aisance financière dans une aventure romanesque très caractéristique des « années folles » : découvrir et revendre des œuvres d'art. Départ en bateau pour l'Indochine, petite expédition au temple cambodgien de Bantéaï-Srey. Comme il est illégal d'exporter des œuvres d'art, André et Clara sont assignés à résidence à Phnom Penh.
1924	Malraux est condamné à trois ans de prison. Clara, de retour en France, se dépense pour sa libération. Une pétition à laquelle Simone et André Breton et Marcel Arland se consacrent activement, recueille un grand nombre de signatures prestigieuses. En appel, Malraux bénéficie du sursis. Retour en France.
1925	Nouveau départ pour l'Indochine. Malraux lance un journal « libéral », *L'Indochine*, où sont dénoncés les abus de la colonisation. Contacts avec des milieux

nationalistes annamites (on dirait aujourd'hui « viet-namiens »), sans liens avec l'Internationale com-muniste. Plusieurs mois de lutte jusqu'à la dispari-tion de *L'Indochine* sous la pression de l'administration coloniale.

Fin avril : passage de quatre à cinq jours à Hong Kong. C'est le seul séjour de Malraux en Chine avant 1931.

30 décembre : Malraux, malade, rentre en Europe.

1926   Juillet. Publication de *La Tentation de l'Occident* (cf. *supra,* p. 61).

Automne : Malraux commence à rédiger *Les Conquérants.*

1927   Rencontre d'Eddy du Perron à qui *La Condition humaine* sera dédiée (cf. Dossier, p. 198).

Plusieurs articles à la *NRF* (dont un compte rendu de *Défense de l'Occident* d'Henri Massis (cf. *supra,* p. 66).

1928   Publication des *Conquérants* (avec une notice bio-graphique maquillée (cf. *supra,* p. 20).

Compte rendu, dans la *NRF,* de *L'Imposture* de Ber-nanos (cf. *supra,* p. 130 et Dossier, p. 217).

Contrat avec les éditions Gallimard où il fait la connaissance de Bernard Groethuysen (cf. *supra,* p. 105) et se lie, entre autres, avec Gide.

Projet inabouti de l'organisation d'une évasion de Trotski d'Asie centrale.

Rencontre d'Emmanuel Berl.

1929   Succès des *Conquérants*.
        Voyage en Asie jusqu'en Perse.
        8 juin : participe à un débat public sur les *Conqué-
        rants* (*Romans* I, Pléiade, p. 287-294) : « Nous
        entendons notre voix avec la gorge et la voix des
        autres avec les oreilles » — « La création de Garine
        est pour moi une création de héros (au sens où
        héros s'oppose à personnage) » — « échapper à
        cette idée de l'absurde en fuyant dans l'humain ».

1930   Parution de *La Voie royale* (prix Interallié).

1931   Mai à décembre : voyage autour du monde : Perse,
        Afghanistan, Inde, etc. Séjours à Canton, à Shang-
        hai (quelques jours), à Pékin. Découverte du Japon
        (7-15 octobre) ; après une arrivée à Kobé « sous la
        pluie ».
        Rédaction de *La Condition humaine* commencée
        en Chine dès septembre 1931 (en tout cas, Malraux
        y fait part à Clara de son projet et du titre du roman)
        (cf. Dossier, p. 191).

1932   Malraux continue de rédiger et de corriger *La
        Condition humaine*. Une partie du travail de mise au
        point du manuscrit s'effectue chez Eddy du Perron
        en vallée de Chevreuse.

1933   Janvier : la version préoriginale de *La Condition
        humaine* paraît dans la *NRF* (janvier-juin).
        21 mars : Malraux prend la parole à la première
        manifestation publique, sous la présidence de Gide,
        de l'AEAR (Association des écrivains et artistes révo-

lutionnaires), association très proche du Parti communiste, à laquelle Malraux est lié sans y avoir adhéré.

28 mars : naissance de Florence Malraux.

28 avril : parution en volume chez Gallimard de *La Condition humaine*.

8 novembre : Gide et Malraux président un meeting en faveur du militant communiste Dimitrov accusé par les nazis de l'incendie du Reichstag.

7 décembre : le prix Goncourt est attribué à *La Condition humaine* à l'unanimité et au premier tour.

1934   Expédition aérienne au Yémen à la recherche de la capitale de la reine de Saba.

Intense activité au sein du Comité de vigilance des intellectuels antifascistes.

Voyage en URSS, allocution au congrès des écrivains soviétiques.

1935   Parution du *Temps du mépris* (cf. Dossier, p. 221).

Préside, à la Mutualité, le congrès international des écrivains pour la défense de la culture.

Participe au défilé du 14 juillet 1935 qui préfigure le Front populaire.

1936   18 juillet : début de la guerre d'Espagne.

21 juillet : atterrit à Madrid, se rend à Barcelone.

Août : forme et commande une escadrille d'aviateurs étrangers volontaires « España ».

Décembre : participe à la bataille de Teruel.

1937   Février : dissolution de l'escadrille, l'aviation pas-
        sant sous le contrôle de l'armée républicaine légale.
        Tournée de conférences aux États-Unis pour obte-
        nir de l'aide à la république espagnole.
        Novembre : parution de *L'Espoir*.

1938-39 Tournage du film *Espoir*.

1939-40 Participe à la guerre dans une unité de chars (cf.
        Les Noyers de l'Altenburg). Prisonnier de guerre à
        Sens. Évasion.

1940-41 Séjour sur la côte d'Azur.
        Envoi d'une lettre au général de Gaulle pour offrir
        ses services aux Forces françaises libres, lettre qui
        ne parvient pas à son destinataire.
        Juge prématurée une participation à la Résistance
        intérieure en France.
        Parution en Suisse des *Noyers de l'Altenburg*,
        annoncé comme le premier tome d'une *Lutte avec
        l'Ange* qui ne fut jamais publiée (abandon ? des-
        truction des tomes suivants par la Gestapo ?).

1942-43 Après l'entrée en zone sud de l'armée allemande,
        s'installe en Corrèze à Saint-Chamant près d'Argen-
        tat.
        Fréquentes conversations avec Berl, son voisin, sur
        l'Art et l'Histoire. Travaille au *Démon de l'Absolu* et
        à *La Psychologie de l'Art*.

1944   Mars : entrée dans la Résistance. Prend le maquis
        dans un réseau gaulliste. Participe aux parachutages

d'armes dans la Dordogne et le Lot ou il tente d'unifier le commandement militaire de la région, sous le nom de « colonel Berger ».

22 juillet : capturé 0par les Allemands près de Gramat. Simulacre d'exécution. Incarcéré à la prison de Toulouse jusqu'à la libération de la ville.

Commande la brigade « Alsace-Lorraine » jusqu'en mars.

1945   Participe à la libération de l'Alsace et à la campagne d'Allemagne.

Janvier : intervient au congrès du MLN (Mouvement de libération nationale) pour empêcher la fusion de ce mouvement avec l'organisation de résistance à dominante communiste.

Août : première rencontre avec le général de Gaulle.

Novembre 1945-janvier 1946 : ministre de l'Information.

1947-53   Participe activement aux activités du RPF (Rassemblement du peuple français, mouvement gaulliste). Fondateur de la revue *Liberté de l'esprit*.

1951   Publication des *Voix du silence,* suivi, les années suivantes, des autres écrits sur l'art.

1958   Avril : proteste, en compagnie de Martin du Gard, Mauriac et Sartre, contre la saisie du livre d'Henri Alleg, *La Question,* dénonçant l'emploi de la torture en Algérie par l'armée française.

1958-69   Ministre des Affaires culturelles. « Ami génial » le plus proche du général de Gaulle.

Nombreux voyages officiels. Rencontres avec Nehru, Mao, Nixon, etc.

1967   Parution du premier tome des *Antimémoires,* suivi des *Chênes qu'on abat,* de *La Tête d'obsidienne,* d'*Hôtes de passage* et de *Lazare* (écrit après une grave maladie surmontée en 1972) qui constitue l'ensemble de *La Corde et les Souris. Les Antimémoires* et *La Corde et les Souris,* refondus, constituent *Le Miroir des Limbes.*

1968   Manifeste, à l'Étoile, sa fidélité au général de Gaulle, mais montre de la compréhension au mouvement de mai en diagnostiquant une « crise de civilisation ».

1969   11 décembre : dernier entretien avec le général de Gaulle, transposé dans *Les Chênes qu'on abat.*

1972   Neuf émissions télévisées : *La Légende du siècle.*

1974   Dernier voyage au Japon. L'illumination de Nachi.

1976   23 novembre : mort d'André Malraux.

Parution posthume de *L'Irréel,* de *L'Intemporel,* de *L'Homme précaire et la littérature.*

I. À SHANGHAI, EN 1931, UNE IDÉE...

Jusqu'en 1931, Malraux ne connaissait de la Chine que Hong Kong, visitée en un bref séjour en avril 1925. Un voyage autour du monde lui permet, quatre ans après la parution des *Conquérants,* de découvrir Shanghai en septembre 1931, puis Canton. Clara Malraux qui l'accompagnait raconte dans quelles circonstances l'idée lui vint d'écrire un roman qui s'intitulerait *La Condition humaine*.

Donc, en cette année de grâce 1931, avant d'aller au Japon, après avoir quitté ces Indes fructueuses, nous pénétrâmes en Chine, pour la première fois. Shanghai, puis Canton. A Shanghai, nous nous sommes assis devant le bar le plus long du monde (Morand dixit), moi pour y boire un rosé et découvrir que rien n'est meilleur, lorsque pendant des mois on n'a pas avalé un fragment de légume vert, que de croquer des branches de céleri cru, André pour boire je ne sais quoi et sans doute manger des pommes frites. Sur le quai grouillaient pousses, autos et tramways, fumée de charbon, essence, excréments, sueurs de Jaunes et de Blancs se mariaient. De temps à autre, un homme se glissait, rapide, entre les véhicules disparates, dans l'espoir que quelque roue passerait sur le corps invisible du mauvais génie qui le harcelait.

Canton, où se déroulent *Les Conquérants,* Canton, semblable et différente du tableau qu'« il » en a fait. Force du mythe berceur de l'irréel, tellement plus grande que celle de la vérité. Moi, je n'étais

Clara Malraux, *Voici que vient l'été,* © Éditions Bernard Grasset, 1973, p. 139-140.

que la vérité, une petite vérité grouillante, plus semblable à un feu follet qu'à une pythie ; rigoleuse, un brin méchante, admirative aussi, je sautillais autour de « lui ». « C'est bien ici que vous avez eu un tel geste, ici que vous avez dit ceci ou cela, ici, que votre initiative a permis... ? » Il s'irritait un peu. D'autres, sans doute se seraient irrités beaucoup. Un ou deux jours plus tard, il m'apprit que son prochain roman se déroulerait dans ces lieux mêmes et me demanda ce que je pensais de *La Condition humaine* comme titre.

Un étonnant personnage redécouvert voici peu (cf. *As-tu vu Cremet ?*, Roger Faligot et Rémi Kauffer Fayard), Jean Cremet, semble bien lui avoir fourni les informations de première main qui lui manquaient sur la révolution chinoise.

Août-septembre 1931. A mi-chemin d'un tour du monde, André et Clara Malraux sont à Shanghai, puis visitent la Chine centrale avant de passer en Corée, au Japon, puis de s'embarquer pour les États-Unis. A l'automne, ils rentrent en France. Durant tous ces mois, André écrit et réécrit son plus célèbre roman, *La Condition humaine*. Et, au fil des semaines, ses personnages se précisent, s'étoffent. Leur itinéraire, leur psychologie sont toujours plus proches de ceux des révolutionnaires qui font l'Histoire dans cette Chine en pleine évolution.

Cette information, puisée à la vie même des communistes de Canton ou de Shanghai, Malraux l'a très vraisemblablement cueillie auprès d'un homme recherché par toutes les polices et tous les services secrets, de la *Special Branch* de l'Intelligence Service au Guépéou soviétique en passant par la Sûreté française et la police secrète de Tchang Kaï-chek. Cet homme, Jean Cremet,

Stéphane Courtois, « Enquête sur Jean Cremet, militant communiste, agent soviétique, informateur de Malraux disparu en 1931 et mort... en 1973, à Bruxelles », in *Le Monde,* 26 avril 1991.

est un Français, un Breton de la région nantaise. Né en 1892, ouvrier chaudronnier à l'arsenal d'Indret, Cremet est le type même du militant anarcho-syndicaliste révolté contre le patronat et toutes les autorités en général, adepte à ses heures de la bande à Bonnot.

Intelligent, plein d'énergie, Cremet a été avant 1914 un militant syndical victime de la répression puis un militant socialiste actif. Mobilisé en 1914, envoyé au front, blessé, il sort de la guerre au comble de la révolte face à l'absurdité du massacre, et opte presque naturellement pour le PCF lors du congrès de Tours. Premier animateur de la fédération communiste de Loire-Atlantique, il est vite remarqué par les émissaires de l'Internationale communiste et leur grand patron, Manouilski. Dès 1924, il est nommé secrétaire général adjoint du PCF et, en 1925, Staline en personne le recommande aux camarades français. Il se dépense sans compter dans l'organisation du PCF en province et surtout dans la campagne des communistes contre la guerre du Rif, au Maroc.

Mais, parallèlement, et secrètement, il a été contacté par les services soviétiques qui lui ont demandé de monter un réseau d'espionnage visant en particulier les fabrications de guerre. En 1927, à la suite de dénonciations, la Sûreté a vite fait de repérer et d'arrêter tout le réseau, y compris ses responsables soviétiques à Paris. Mais Cremet a réussi à filer. On le retrouve bientôt à Moscou où, depuis 1926, il est secrétaire du comité exécutif de l'Internationale. Puis, en 1929, après quelques missions secrètes en Europe et au Moyen-Orient, quelques séjours en sana, où il soigne une tuberculose, et quelques sessions de formation dans des centres spécialisés, il est envoyé à Shanghai comme l'un des principaux responsables de l'Internationale pour l'Extrême-Orient (Chine, Corée, Japon, Indochine). C'est *là* que les Malraux le rencontreront.

Manuscrit de *La Condition humaine*. Bibliothèque nationale, Paris. Ph. Bibl. nat.

II. UN TEXTE PLUSIEURS FOIS REMIS SUR LE MÉTIER

1. LA RÉDACTION DU ROMAN

Les indications sur la manière dont fut élaborée *La Condition humaine* ne sont guère nombreuses. Le seul document authentique à cet égard est constitué par une note que l'auteur a jointe au manuscrit du roman :

« Ce manuscrit, le seul de *La Condition humaine*, a été écrit en Chine, au Japon, aux États-Unis, à Paris, à Peira-Cava, à Paris, de septembre 1931 à mai 1933 (les derniers chapitres alors que les premiers paraissaient dans *La Nouvelle Revue française*).

« *La Condition humaine* est, à l'heure actuelle — 11 décembre 1933 — celui de mes ouvrages auquel je tiens le plus. »

La rédaction de *La Condition humaine* coïncide donc en partie avec le voyage autour du monde que l'écrivain fit avec sa femme et qui se prolongea près d'une année. Mandaté — et défrayé — par la maison Gallimard, il partait pour réunir les éléments d'une exposition destinée à montrer les rapports du monde grec avec le bouddhisme. L'itinéraire évoqué dans la note correspond à certaines étapes d'un périple qui avait d'abord conduit le couple en Perse, en Afghanistan, en Inde, à Singapour. Le romancier situe cependant en Chine le début de la rédaction du roman, conjonction où le symbole n'exclut pas, *a priori*, la réalité. Au demeurant, les voyageurs passèrent

Malraux, notice sur *La Condition humaine* in *Œuvres complètes*, Bibliothèque de la Pléiade, Gallimard, 1989, p. 1301-1302.

par Canton, Shanghai, la Mandchourie ; puis ce fut le Japon et New York où le manque de fonds les immobilisa dix jours dans l'attente d'un mandat...

Il reste que la note de décembre 1933 n'indique que très sommairement, dans le temps et dans l'espace, les étapes de la rédaction du roman. Les possibilités de recoupement qui permettraient de la compléter n'abondent pas ; Malraux, par exemple, mentionne son séjour dans les Alpes-Maritimes, à Peira-Cava, mais pas explicitement l'hospitalité que lui offrit Eddy Du Perron dans la vallée de Chevreuse. Et comment interpréter cette lettre à l'écrivain japonais Akira Muraki où l'auteur de *La Condition humaine* nie avoir visité Shanghai avant d'avoir écrit le roman ?

S'il est aisé de constater la qualité de l'information historique du romancier, on en est réduit, quant aux sources de cette information, à des hypothèses à vrai dire peu éclairantes. On ne dispose ni des notes qu'il aurait prises au cours de son voyage, ni des dossiers qu'il aurait pu constituer à partir de coupures de presse ou d'extraits d'ouvrages. Malraux avait des amis journalistes ; il avait incité le reporter Georges Manue à suivre, sur place, la crise du Kouo-min-tang ; et le dédicataire du roman, Eddy Du Perron, était un bon connaisseur de l'Asie.

Pendant la rédaction du roman et, en particulier, dans les premières semaines de 1932, la situation à Shanghai, du fait de l'avance japonaise, faisait la première page des quotidiens et Malraux pouvait y lire les reportages d'André Viollis, dont il allait, en 1935, préfacer le livre *Indochine S.O.S* et ceux d'Albert Londres. Mais, sur ce chapitre, les certitudes et les preuves font entièrement défaut.

2. LES ENSEIGNEMENTS DU MANUSCRIT

Christiane Moatti a mis en évidence les différentes strates d'un manuscrit souvent modifié et retravaillé. L'élément le plus ancien du texte (brouillon A) correspond pour l'essentiel aux premières pages de la première partie. Ce qui explique pourquoi le roman semble particulièrement touffu en son début et a, il faut bien le dire, un certain mal à démarrer.

Le deuxième élément (brouillon B) permet de déceler la méthode de Malraux : il prévoit d'abord des « scènes à faire » et organise autour de personnages engagés dans une action particulière de « grandes scènes », des blocs narratifs séparés entre lesquels il n'assure qu'e par la suite des liaisons.

Dans le troisième élément (brouillon C), Malraux ajoute quelques insertions. Elles portent sur le mouvement des acteurs. Elles permettent surtout de mieux caractériser les personnages en leur inventant un passé (Tchen, Ferral) ou en mettant l'accent sur leur vie intérieure. A ce stade, Malraux consent à quelques concessions aux lois du genre : anecdote, décors, gestes, individualisation des personnages. Mais toutes ces données sont rajoutées comme des précisions secondaires.

Dans le brouillon D, Malraux procède aux raccords entre les scènes ; d'autre part, il développe quelques données essentielles du roman : la difficulté de se connaître (Kyo ne reconnaît pas sa propre voix) et de connaître les autres (les relations entre Kyo et May) ; surtout la scène capitale où Katow et ses compagnons (sauf, dans cette étape, Kyo) attendent la mort. Malraux y témoigne de la maîtrise à laquelle il est parvenu.

Sur cette question se reporter aux Œuvres complètes, t. I, « Bibliothèque de la Pléiade », p. 1302-1305, et Christiane Moatti, La Condition humaine d'André Malraux, poétique du roman, Lettres Modernes, 1983, p. 30-33.

Le brouillon E renforce encore le thème de l'humiliation et de la dignité humaines (emprisonnement de Kyo, entrevue de Kyo et de König, fuite de Clappique). Au fur et à mesure que Malraux avance dans la rédaction de *La Condition humaine,* il approfondit ainsi sa thématique et la porte à son plus haut degré d'intensité.

III. PORTRAIT DE L'ARTISTE EN JEUNE HOMME

Eddy du Perron (1899-1940), écrivain hollandais né à Java et qui a passé en Asie son enfance et sa jeunesse, a été un intime de Malraux. C'est à lui que *La Condition humaine* est dédiée. Il fait de Malraux, sous le nom d'Héverlé, l'un des personnages principaux de son roman *Le Pays d'origine* (écrit en 1935 et traduit en français en 1980). Eddy du Perron y retranscrit souvent, presque à l'état brut, la conversation de Malraux dans ses saccades, ses aperçus immenses et ses fulgurations. Il témoigne aussi de la fascination qu'exerçait Malraux sur ses interlocuteurs, Gide, Berl, Groethuysen, Drieu.

« On n'a pas grand mal à critiquer Héverlé, dis-je, mais chaque fois qu'on l'a critiqué devant moi, il s'en est trouvé rehaussé un peu plus à mes yeux. Es-tu gêné de ce qu'il ne se laisse jamais aller aux confidences, est-ce pour toi un manquement à l'amitié ? Héverlé ne se confie qu'en terrain impersonnel, sur une sorte de haut-plateau où toutes choses flottent aux vents de l'histoire des civilisations et de la philosophie. Mais il ne cesse pas pour autant d'être lui-même, car il est l'un des rares individus qu'un regard superficiel peut faire prendre pour des comédiens, mais qui en réalité sont constamment tendus dans la création de leur propre personnage. Il n'existe pas pour nous d'Héverlé en pantoufles, parce qu'il dénie à celles-ci toute existence pour lui-même.

[...]

Eddy du Perron, *Le Pays d'origine*, Gallimard, 1980, p. 165-166.

« Oui, tu ne veux pas être dupe d'une collectivité, j'imagine, et au nom de quoi ? De l'individualisme ? Alors, c'est cela dont tu risques fort d'être dupe. Il n'y a aucune raison d'admettre que dans mille ans la croyance en un " moi " ne sera pas devenue aussi ridicule que celle d'un adorateur du feu l'est pour nous. Pour le bouddhiste c'est d'ores et déjà le cas... »

Il est à mille lieues de ce dont je veux parler ; nous voilà retombés dans l'histoire des civilisations, mais j'essaie encore un petit moment de surnager :

« Tu as beau dire, le " moi " aura toujours une certaine forme d'existence ; il repose sur une sensibilité liée une fois pour toutes à un individu donné. Sa destinée à lui, vécue par sa sensibilité à lui, que fait-il de tout cela dès lors qu'il nie le " moi " ?

— Allons donc ! Cette façon de sentir dont tu parles est elle-même déterminée par une forme de culture. Ton " moi " ne peut faire qu'il n'appartienne à un ensemble de phénomènes secondaires, produits du pays, de la race, de l'éducation, de l'époque particulière où il existe... »

Je le laisse aller sur sa lancée. Je sais d'avance ce qu'il va dire ; mais cela m'ennuie, parce que le système fonctionne trop bien ; ce doit être affreux de ne plus pouvoir éprouver le moindre sentiment sans savoir que son apparition n'est possible que chez un individu de race aryenne, vivant en l'année tant après Jésus-Christ, et influencé bon gré mal gré par la morale judéo-chrétienne. Il y a deux choses chez Héverlé qui me découragent : l'ampleur de sa culture, devant laquelle je me demande toujours combien de temps j'aurais à étudier, combien de systèmes philosophiques et de synthèses historiques à assimiler, avant d'être tant soit peu son égal — c'est l'aspect désagréable. L'autre, plus juste, c'est la différence entre son besoin d'activité et ce que je nomme mon onanisme intellectuel, ma nature de pur et simple gratte-papier. C'est pourquoi, de tous mes amis, il a toujours été celui qui dispensait le plus de vie, mais aussi, parfois, celui qui me décourageait, alors que je l'abordais ingénument et qu'il s'adressait à moi avec la même ingénuité.

« Vous disiez aussi que ceux qui ont donné conscience de leur révolte à trois cent millions de misérables n'étaient pas des ombres comme les hommes qui passent — même battus, même suppliciés, même morts... »
Ph. Archives Snark-Edimedia.

IV. HISTOIRE(S) CHINOISE(S) : LE CONTEXTE HISTORIQUE

Shanghai doit à sa position exceptionnelle au débouché d'une voie d'eau qui draine les régions les plus riches et les plus peuplées de la Chine d'avoir attiré les intérêts économiques étrangers. Les autorités chinoises ont renoncé à leur souveraineté sur certains quartiers de la ville placés directement sous administration française ou, pour ce qui est de la concession internationale, sous l'autorité de la Grande-Bretagne et des États-Unis. En 1927, la population étrangère de la ville s'élève à environ quarante mille personnes.

Shanghai, ville en plein essor économique, est dans les années vingt non seulement une métropole cosmopolite, mais aussi le bastion de la nouvelle bourgeoisie d'affaires chinoise, de l'intelligentsia occidentalisée et du prolétariat industriel (environ cinq cent mille personnes). Aussi la ville devient-elle le lieu d'une intense fermentation politique.

Quelles sont les forces en présence ?

1) Le Kuomintang, parti démocrate et nationaliste fondé par Sun-Yat-Sen, est soutenu par la bourgeoisie financière et commerciale qui veut reprendre aux étrangers leurs privilèges économiques. Pour arracher le pouvoir à la dictature militaire qui tient le gouvernement central de Pékin, Sun obtient l'appui de certains généraux du Sud et peut constituer un gouvernement dans le Sud de la Chine à Canton.

Version abrégée de la note historique (Malraux, *Œuvres complètes*, Bibliothèque de la Pléiade, t. I, p. 1286-1293).

2) L'embryon d'un parti communiste composé surtout d'étudiants naît à Shanghai en juillet 1921. Ce parti adhère en juillet 1922 au Komintern, l'Internationale communiste dont le siège est à Moscou. L'Internationale décide de faire collaborer le PC avec le Kuomintang pour le faire évoluer de plus en plus vers la révolution. L'URSS accorde son aide aux nationalistes chinois. Des conseillers soviétiques, tel Borodine cité dans *Les Conquérants,* s'attachent à réorganiser le Kuomintang aussi bien que le Parti communiste selon les principes de la hiérarchie et de la discipline. Le jeune colonel nationaliste Chang-Kaï-Shek, bras droit de Sun-Yat-Sen, après un stage à Moscou, prend le commandement de l'académie militaire de Whampoa.

Entre nationalistes du Kuomintang et communistes, la collaboration ne pouvait être durable et les conflits allaient se multiplier. Après une offensive du gouvernement de Canton contre les « seigneurs de la guerre » — c'est-à-dire les généraux qui assuraient le pouvoir absolu dans leurs provinces qu'ils confondaient souvent avec leur propriété personnelle — le Kuomintang exerce une autorité sur toute la Chine au sud du fleuve Yang-Tsé. C'est alors que les divergences se creusent entre les alliés. L'aile gauche du Kuomintang et les communistes décident de transférer le gouvernement de droit à Han-Kéou, la ville la plus industrialisée de Chine, sur les bords du Yang-Tsé — c'est là que se déroule la troisième partie du roman de Malraux — contre le désir du généralissime Chang-Kaï-Shek qui dispose de la puissance militaire. Ce dernier multiplie les déclarations apaisantes à propos des intérêts étrangers et se gagne l'appui de la bourgeoisie modérée effrayée par les premières mesures révolutionnaires du gouvernement de Han-Kéou.

C'est alors que Shanghai devient l'enjeu du conflit. Contrôlée encore au début de 1927 par un général nordiste, la ville est le théâtre, le 19 février, d'une grève générale et d'une insurrection armée que Chang-Kaï-Shek, resté l'arme au pied à moins de cent kilomètres, laisse en proie à une féroce répression. L'aile gauche du Kuomintang relève le 10 mars Chang-Kaï-Shek de ses fonctions, mais la décision reste lettre morte.

Le 21 mars — c'est à cette date que commence le récit de Malraux — une nouvelle grève insurrectionnelle cette fois réussit dans les faubourgs ouvriers de la ville, tandis que les concessions étrangères ne sont à aucun moment attaquées. Les troupes nordistes, après avoir résisté, se retirent le 22 en fin d'après-midi. Dans les jours qui suivent, se crée une commission municipale provisoire où les communistes détiennent cinq sièges sur dix-neuf. Mais, lors de son installation le 29 mars, la majorité non communiste se dérobe et, dans une nouvelle commission, l'aile droite du Kuomintang détient le pouvoir sans partage.

Chang-Kaï-Shek, arrivé à Shanghai le 26 mars, est bien accueilli par les milieux d'affaires tant chinois qu'étrangers qui lui accordent une aide financière importante. Il proclame encore son allégeance au gouvernement de Han-Kéou, mais il demande aux trois mille hommes des milices ouvrières de rendre leurs armes et il prépare secrètement un coup de force. Le gouvernement de Han-Kéou et, en son sein, les communistes, s'en tiennent à la ligne de l'Internationale telle que Staline la réaffirme encore le 5 avril à Moscou.

Les représentants du Komintern à Shanghai ont, pour leur part, conscience du revirement que Chang-Kaï-Shek prépare, et le 31 mars, ils lancent les consignes suivantes : « Soulever les masses contre le revirement qui se prépare et mener une campagne contre la droite. Il ne faut pas, compte tenu de l'évolution défavorable du rapport des forces, déclencher la lutte ouverte en ce moment. Les armes ne doivent être rendues qu'à la toute dernière extrémité et doivent être dissimulées. »

Chang-Kaï-Shek, avec des civils armés appuyés par des unités nationalistes et par la police, prend les communistes de vitesse en attaquant le 12 avril et en désarmant les milices ouvrières. Il y a environ trois cents morts dans les rangs ouvriers. Peu de dirigeants communistes de Shanghai échappent à l'arrestation et à l'exécution. Chou-En-Laï figure parmi les rares rescapés. Le 13, l'armée ouvre le feu sur une marche de protestation : cent morts et plusieurs centaines de blessés. La grève générale s'épuise et s'achève le 15 avril.

Ainsi le parti communiste chinois subit, dans le plus grand centre ouvrier de la Chine, une défaite complète. Elle préludera à l'élimination progressive, jusqu'au début de juillet 1927, du gouvernement de Han-Kéou, au départ des conseillers soviétiques et à la fuite des dirigeants du PC chinois, parmi lesquels Mao Tsé-toung.

V. ACCUEIL CRITIQUE : NAISSANCE DE QUELQUES PONCIFS ET DE QUELQUES AUTRES IDÉES

1. UN ROMAN SADIQUE ? (ROBERT BRASILLACH)

Beaucoup de critiques sont heurtés par la violence du roman. Dans *La Croix* (9-12-1933), l'abbé Bethléem, auteur du catalogue *Livres condamnés, livres à proscrire,* dénonce le scandale du Goncourt décerné à un « roman communiste fangeux ». Ce livre « étale une boue infecte, une boue d'Orient », il n'épargne la description d'aucune horreur, débute par le récit d'un meurtre commis à froid et s'achève par des scènes de supplice. « Nous supplions nos lecteurs d'éviter à tout prix ce poison. »

Robert Brasillach, brillant critique littéraire de *L'Action française,* quotidien maurrassien, insiste lui aussi sur l'horreur, la cruauté, compare Malraux au dramaturge élisabéthain Webster et à l'activiste allemand Ernst von Salomon, auteur des *Réprouvés,* « dans leur délectation du sang et de la mort ». Même le geste de Katow donnant son cyanure à d'autres condamnés ne lui apparaît pas comme la plus intense communion ou un geste christique, mais comme une nouvelle preuve de cette complaisance à l'égard de la souffrance. *La Condition humaine,* « dans sa grandeur inhumaine et barbare », lui apparaît comme un ouvrage « malsain ». Nous présentons à la suite la mise au point de Malraux.

C'est le sang qui est le maître de M. André Malraux. C'est lui qui explique sa fureur sensuelle comme sa fureur destructrice. Et là est le fond de son *héroïsme*. Sans doute ceux qui ont lu *Les Conquérants* n'oublieront-ils jamais les tableaux d'horreur qui terminent le livre, les supplices atroces et les morts auxquels on a coupé les paupières. *La Condition humaine* finit par des pages aussi affreuses, bien que l'auteur nous épargne la vision des bûchers. Mais lorsque son héros donne *héroïquement* la tablette de cyanure qu'il porte toujours sur lui à deux misérables compagnons, si la scène est poignante et magnifique, presque « humaine » en son apparence, pour une fois, nous ne devons pas oublier qu'elle ne fait qu'accuser le caractère d'horreur physique du drame. Car nous savons bien ce que va souffrir le malheureux. M. André Malraux ne veut pas que nous l'ignorions : l'héroïsme, chez lui, ne va jamais sans une complaisance bien terrible pour la souffrance et pour la mort.

Dans cette complaisance, ses personnages trouvent un plaisir qui, il faut le dire, est pour eux totalement semblable au plaisir que peut leur donner l'amour physique. Souvent, ces hommes, qu'on veut donner en modèle, nous apparaissent comme l'incarnation même de ce qu'on a nommé le *sadisme*. Car, bien que hardi en ses propos, M. André Malraux ne dépeint jamais la joie sensuelle, ou même simplement le plaisir. Il ne le dépeint que lié pour jamais à la cruauté. Et bien plus que des manuels d'héroïsme, que des images de l'homme, ses livres apparaîtront en définitive comme des manuels de cruauté. Les jeunes Allemands qui vont nus à l'assaut dans la lumière matinale et se grisent du goût du sang,

Robert Brasillach, *L'Action française*, 10 août 1933.

paraissent, à côté de ses héros, des êtres simples et presque normaux. Car au moins leur passion est-elle vivante, leur abominable joie est-elle une joie. Les personnages de M. Malraux, dans leur délectation du sang et de la mort, ne trouvent qu'une amertume affreuse qui finit d'ailleurs par leur donner une sorte de grandeur infernale — mais qu'on ne prétende pas que c'est là « la condition humaine ».

Ces livres obscurs, ces livres souvent illisibles, sont parmi les plus curieux de notre temps. Ils nous montrent ce que peut donner une sorte de froide fureur acharnée contre soi, tout entière tournée vers le goût de la souffrance. Une très lucide intelligence guide les héros — qui, tous, se ressemblent par la même terrible passion et le même terrible désenchantement — et nous permet, après des pages brumeuses et compactes, de trouver soudain des épisodes admirables, durs, sanglants et ténébreux, pareils aux éclats de logique et de sensualité des drames de Webster. Mais si on peut littérairement reprocher à ces livres de ne guère offrir que de beaux épisodes dans un ensemble un peu décourageant, les reproches que l'on fera à ce qui les mène à leur fin sont plus graves. Ne nous laissons pas prendre à certain ton de hauteur, à certain orgueil désespéré, à une *allure,* qui ont vraiment un charme pernicieux et même de la grandeur. Mais grandeur inhumaine, grandeur barbare. Ne nous laissons pas prendre à tout ce qui peut, chez André Malraux, forcer la sympathie intellectuelle. Toute vertu peut se perdre en un vice qui lui est apparenté : nous savons tous à quels excès amène la charité déviée de son but, troublée dès sa source. La vertu de M. Malraux est une autre vertu : elle n'en est pas moins déviée, et surtout pas moins troublée. Et peut-être pourrait-on dire qu'il n'a jamais fait que mettre en scène dans ses livres *le goût malsain de l'héroïsme.*

[...] J'ai publié deux articles sur Sade, l'un en 1921, l'autre en 1927 ou 28, tous deux *contre le bateau* Sade. Cela dit, j'ai assez le goût de la subtilité et de la rigueur dans l'esprit pour apprécier votre critique, qui, vérité à part, est excellente. Mais ma technique est beaucoup plus préméditée que vous ne le croyez, et mon éthique beaucoup moins ; je n'ai pas eu à choisir la sauvagerie, car je l'ai rencontrée. Tout homme tire ses valeurs de la vie qui lui a été donnée, et je revendique les unes et l'autre, non comme des objets de complaisance, mais comme une assise. Je ne pense pas par plaisir à ce que vous appelez « le sang », mais parce qu'il m'est nécessaire que cela *d'abord* soit pensé. Assez d'écrivains pensent à partir de rien [...].

André Malraux, *Réponse à Robert Brasillach*, lettre du 23 août 1933.

2. UN ROMAN DU DESTIN ET DE LA SOLITUDE ? (EDMOND JALOUX)

L'hebdomadaire de gauche, *Marianne,* est, bien sûr, *a priori* plus favorable à *La Condition humaine.* Le talentueux ami d'André Malraux, Emmanuel Berl (*Marianne,* 10-5-1933), salue ce « livre exceptionnel où la pensée d'une génération, la signification d'une époque, se trouvent engagées ». Il loue l'ampleur du registre, mais constate la « résignation » de *La Condition humaine.* Ce désenchantement serait dû au repli du communisme soviétique sur lui-même, à la ruine des espérances pacifistes. Ainsi, « dans un

monde qui se rétrécit pour tous et pour chacun, la solitude devient-elle le visage de la destinée ». Nous sommes seuls et nous ne pouvons le supporter. La seule valeur, c'est, selon lui, la possibilité d'affirmer la dignité des hommes, malgré l'absurdité de l'univers et son ordre écrasant.

Ramon Fernandez, dans le même hebdomadaire (13-12-1933), reprend la même interprétation. L'ouvrage est admirable de beauté morale : il permet une prise de conscience plus exacte de soi-même. Les personnages sont conscients de l'absurdité du monde — thème qui sera, par la suite, repris jusqu'à satiété dans les années quarante —, mais ils lui opposent leur volonté pour lui donner forme et sens, même s'ils connaissent l'échec tragique du vouloir. Ils continuent d'agir avec entêtement et lucidité. La volonté commence chez Malraux après la liquidation des illusions et des croyances. Malraux apparaît ainsi comme un précurseur du Camus du *Mythe de Sisyphe*.

Edmond Jaloux, critique apprécié de l'hebdomadaire culturel *Les Nouvelles littéraires,* insiste, lui aussi, sur la solitude de l'homme face à son destin. Mais Jaloux témoigne d'une vraie sensibilité littéraire en évoquant « la féerie » du roman. C'est d'autant plus remarquable que les critiques ne s'attachent, à l'époque, qu'au contenu moral de l'œuvre et ne consacrent presque aucune place à ses qualités proprement esthétiques. Il met aussi en valeur les analogies entre ce roman et un film.

Le sujet extérieur de *La Condition humaine* est la Révolution en Chine. Le sujet profond, c'est vraiment l'état de l'homme en face de son destin. [...] Jamais la solitude fondamentale de l'être humain ne nous apparaît d'une manière aussi poignante que dans ces pages de M. Malraux, où il

Edmond Jaloux, *Les nouvelles littéraires,* 16 décembre 1933. Reproduit avec l'aimable autorisation de la SGDL.

nous initie à ce sentiment d'irréalité qu'éprouvent ses hommes d'action en face du fait le plus brutal.

[...]

Une sorte de féerie naturelle — la féerie de l'auteur du *Royaume-Farfelu* — ressort d'autant mieux qu'elle le fait sur un fond de haine, de mort et d'horreur. Cette horreur est particulièrement sensible dans la sixième partie. A ce moment, Kyo a été arrêté après l'échec de la Révolution et jeté en prison. Il y a là une série de scènes qui sont parmi les plus pénibles que l'on puisse lire. Mais elles aboutissent à une des plus belles scènes de *La Condition humaine,* celle où le révolutionnaire russe Katow, qui a sur lui du cyanure de potassium et qui est condamné à être brûlé vif, donne le poison à des camarades condamnés comme lui et accepte le supplice.

La force de M. Malraux se montre surtout dans les scènes de révolution. L'abondance des détails vrais, la brutalité des éclairages, l'incohérence des gestes, *l'ignorance où l'on est touchant les choses et les conséquences,* tout cela est rendu avec une véritable maîtrise, bien qu'on ait, à certains moments, l'impression d'assister à un film plutôt qu'à la réalité. Mais il se peut que de plus en plus, à mesure que l'on va au cinéma, le cinéma envahisse la vie et que les hommes aient davantage de peine à dissocier les deux réalités superposées. A côté de ces scènes brutales et puissantes, nous trouvons tout d'un coup une sorte de Chine éternelle avec ses lacs couverts de champs de nénuphars, ses pavillons abandonnés aux cornes vermoulues, ses paysans qui passent en barque.

3. FRANÇOIS MAURIAC : LE COUTEAU AU VESTIAIRE ?

Moraliste féroce, François Mauriac s'interroge sur l'avenir de Malraux. Le révolté qu'est Malraux, « un poignard à la main », ne va-t-il pas, après son triomphal prix Goncourt, se laisser reprendre — « récupérer », dirait-on bien plus tard — par la Société ? Sa trajectoire ne réitérera-t-elle pas celle de Barrès, anarchisant « ennemi des lois » dans sa jeunesse, « professeur d'énergie » dans sa maturité, écrivain « consacré », en dépit de quelques foucades, à la fin de sa vie ? Mauriac aura été le premier à déceler la parenté entre Malraux et Barrès, sans doute parce que lui-même a bu à la même fontaine, et il se révèle singulièrement lucide.

Voilà un garçon qui, dès l'adolescence, s'est avancé vers elle, l'œil mauvais, un poignard à la main, qui a cherché en Asie l'endroit sensible pour l'atteindre, l'endroit le plus vulnérable. Et son œuvre même témoigne de l'étroite alliance que ce jeune furieux a conclue avec toutes les forces conjurées pour la ruine du vieux monde. Mais quoi ! Il a du talent ; il a plus de talent qu'aucun garçon de son âge. Qu'on s'en indigne ou qu'on l'approuve, c'est un fait que l'an de grâce 1933 un beau livre couvre tout. Est-ce folle imprudence de la part d'une civilisation qui ne réagit même plus pour se défendre ? Cela n'est pas sûr. On pourrait plutôt discerner dans cette indulgence, l'instinct profond d'une très vieille société qui dit à son enfant dressé contre elle : « Tu as beau faire ; en dépit des outrages dont tu m'abreuves, tu es mien par ton intelligence, par ta culture, par ton style ; tu es mien par tous les dons de l'esprit. Mon héritage te colle à la peau ; en vain tu t'inities aux mystères de l'Asie, tu n'arracheras pas de toi mon

François Mauriac,
L'Écho de Paris,
16 décembre 1933.

211

esprit dont je t'ai revêtu. Et cela est tellement vrai que moi, que tu as voulu assassiner, je dépose sur ton front une de mes plus belle couronnes, tu l'as désirée, et tu ne la rejettes pas. [...]

Pour un Malraux, nous nous demandons où est l'issue. Ce pâle Lafcadio au regard toujours errant, à la parole haletante dont, au lendemain de la guerre, nous recevions parfois la visite ; cet ennemi des lois, qui avait rejeté le joug social, mais sur qui pesait, pourtant, une nécessité mystérieuse, plus écrasante qu'aucune loi humaine, le verrons-nous grimper, un à un, les échelons que le vieux monde astucieux dispose sous les pieds des jeunes conquérants ; et verrons-nous, un jour, sur ce tragique visage, s'épanouir le sourire d'un homme satisfait ?

4. JEAN GUÉHENNO : UNE INTERPRÉTATION HUMANISTE

Une estime mutuelle lie André Malraux et cet humaniste cultivé et généreux qu'est Jean Guéhenno. Tout en mettant l'accent, lui aussi, sur la solitude des personnages, l'auteur de *L'Évangile éternel* montre que la révolution — que les autres critiques souvent ne mentionnent pas — est pour eux l'occasion d'un effort pour devenir comme des dieux. C'est la grandeur du roman ; mais Guéhenno en est « venu à penser que la vie quotidienne des hommes médiocres est bien plus héroïque que la vie des héros ».

[...] si toute la condition humaine n'est pas renfermée dans ces pages, du moins est-il certain qu'elle ne cesse pas d'y être en question, et si tragiquement, si profondément que le livre se trouve encore accordé par ses accents aux peines les

Jean Guéhenno, *Europe*, 15-6-1933, repris dans *Entre le passé et l'avenir*, © Éditions Bernard Grasset, 1979.

plus lourdes et aux plus grandes souffrances. C'est un sûr gage de son exceptionnelle valeur. [...]

La plus grande beauté du livre — et je ne dis rien de l'intensité de certaines descriptions ou de certaines scènes qui appellent l'image de reproduction cinématographique — est dans quelques conversations terriblement lucides au cours desquelles les personnages, haussés au-dessus d'eux-mêmes par l'événement, livrent tout leur secret. C'est là qu'il faut chercher l'esprit de l'œuvre, la définition qu'on en peut tirer de notre condition.

Nous sommes seuls, d'une solitude que rien ne peut guérir, contre laquelle pourtant nous ne cessons pas de lutter [...].

Et tout le tragique du livre tient ainsi dans les efforts que font quelques héros, Tchen, Katow, Kyo, pour échapper à la condition humaine, se dépasser eux-mêmes, de quelque manière enfin devenir dieux. La révolution est à la fois l'occasion et le résultat de ce prodigieux effort. Et c'est là que je crois voir la vraie grandeur, mais aussi les limites de cette œuvre. Tous les personnages qui y apparaissent sont de quelque manière exceptionnels, et l'on y apprend peut-être plutôt comment on devrait vivre que comment on vit.

5. DRIEU LA ROCHELLE : LES ARRIÈRE-PLANS PHILOSOPHIQUES

Les divergences politiques profondes entre les deux hommes n'ont jamais entamé l'amitié de Drieu et de Malraux. Dans un article publié en Argentine dans la revue *La Nacion* animée par Victoria

Ocampo, introductrice éclairée de la littérature européenne en Amérique latine, Drieu présente la meilleure synthèse peut-être publiée à l'époque sur *La Condition humaine*. Il met en évidence à la fois la technique de ce roman dont ses contemporains ne traitent pas, sa signification politique et surtout ses arrière-plans philosophiques.

Essentiellement, la résistance au communisme dans Malraux et dans les personnages de Malraux, beaucoup plus que le scepticisme de Clappique (il n'y a pas d'êtres humains, il n'y a que des fantômes) ou le pessimisme terrestre de l'opiomane Gisors (il faut se délivrer de la vie), c'est un fond de religiosité.

Drieu la Rochelle, *La Nacion*, 1933, repris dans *Sur les écrivains*, Gallimard, 1964, p. 289-292.

Voyons cela de plus près.

1° Il y a d'abord chez Malraux une philosophie relativiste, mobiliste, phénoméniste à la Nietzsche qui nous montre l'univers comme un devenir sans cesse évanescent, comme des séries discontinues d'apparences. Cette philosophie est exprimée par l'opiomane Gisors et par le clown mythomane Clappique. Et, naturellement, elle commande une psychologie conséquente : « Vous croyez que tous les hommes sont mythomanes ? » demande Clappique à Gisors. Et de Gisors qui ne répond pas, l'auteur nous dit aussitôt qu'il pensait « que si le monde était sans réalité, les hommes et ceux mêmes qui s'opposent le plus au monde ont une réalité très forte ». Ce qui est la pensée exacte de Nietzsche. Mais il faut voir qu'une telle conception va à l'encontre du rationalisme marxiste où le monde par lui-même a un sens qu'il impose à l'homme et qui aboutit, probablement, au triomphe du prolétariat.

2° Il y a ensuite un profond pessimisme, le même que celui de Nietzsche encore, le pessimisme que Nietzsche a chéri dans Schopenhauer. Ce pessimisme glisse sans cesse à l'horreur du monde. Le monde n'est que douleur et solitude. En conséquence, Malraux, au cours de son roman, entre avec une facilité remarquable dans la pensée d'un protestant mystique, d'un peintre japonais confucianiste, de Gisors imbu de pensée asiatique — tous esprits qui nient le monde. Et Malraux voit la révolution comme une révolte contre le monde, et nullement comme un accomplissement du monde. Et ce qui l'attire vers les révolutionnaires et le lie à eux, c'est la pitié. Tout ce livre écrit par un homme qui a la réputation d'un violent et d'un méprisant est imprégné d'un attendrissement désespéré pour la condition des hommes. « Si on ne croit à rien, surtout parce qu'on ne croit à rien, on est obligé de croire aux qualités du cœur... » (P. 247.) Voilà le secret de ce livre. Mais tout cela est très loin de l'optimisme qui est au fond du marxisme — cet optimisme où refleurissent les espoirs des hommes du XVIIIe et de la Renaissance.

3° Certes, Malraux écarte décidément toute idée de Dieu, mais il n'aime pas le monde. Et aux yeux des marxistes, cette seconde négation rend nulle la première et éveille en eux toute méfiance. Malraux n'aime pas le monde, car il ne croit point dans les valeurs charnelles du monde. Sa conception de l'amour oscille entre un sensualisme et un sentimentalisme qui ne sont jamais sûrement fondus ensemble. Et il est remarquable que toute la conception rénovée de l'homme physique — de l'homme sportif — qui est une pièce capitale dans le système d'optimisme terrestre du fascisme et du communisme est absolument exclue de l'univers de Malraux.

En dépit de toutes ces énormes réserves, Malraux — bourgeois dandy, esthète, mystique — clôt son livre sur une note d'adhésion au communisme. Il est avec les misérables qui veulent obtenir « la *dignité* de l'homme ». Cette adhésion oblique n'est pas fort dissemblable de celle de Gide. Est-elle efficace ? Les gens qui appartiennent à un monde ancien n'ont jamais adhéré à un monde nouveau d'une autre manière.

Et d'ailleurs il y a un contre-courant dans l'œuvre de Malraux. Par-dessous son esprit religieux, il y a un esprit humaniste qui se forge dans l'action et qui en restituant d'autres valeurs éternelles nous permet d'envisager sans trop d'angoisse pour lui et pour nous le passage d'un univers à l'autre. Il y a chez Malraux un sens profond de l'amitié, de l'amitié entre les hommes et les femmes, et de l'amitié entre les hommes. Et il y a aussi un sens mâle de la nécessité du combat, du combat à main armée — ce qui approche notre ami de ce sens de l'homme physique qui lui manque et qui a été si fécond chez Lawrence.

La conception de Malraux — déjà très riche et très profonde — désolante mais aussi exaltante comme celle de tous les grands esprits, s'élargira encore. Songez qu'il n'a que trente-trois ans.

VI. MALRAUX S'EXPLIQUE SUR L'ART ROMANESQUE

La réflexion de Malraux sur l'Art est plus connue que celle qu'il a menée sur la littérature à travers des articles et des préfaces tout au long de sa vie, en attendant la somme ultime qu'est *L'Homme précaire et la littérature*. Qu'il s'attache à Bernanos ou à Faulkner, à Guilloux ou à Guéhenno, il va au cœur de la technique et de la conception du monde de l'œuvre qu'il commente ou présente. En même temps, il éclaire indirectement ses propres préoccupations d'auteur.

1. *L'IMPOSTURE,* PAR GEORGES BERNANOS

Bernanos est le seul romancier parmi ses contemporains que Malraux considère comme un pair. Ce refus du psychologique, la vision hallucinée, l'intensité, la grandeur qu'il découvre dans *L'Imposture* ne préfigurent-elles pas *La Condition humaine*?

On sent à cette lecture, plus nettement encore qu'à celle de *Sous le soleil de Satan,* que les êtres mis en scène par M. Bernanos sont soumis à une fatalité qui n'est pas celle de leur caractère, mais, au contraire, commence au point même où leur caractère s'efface. Non seulement l'âme est pour lui l'essentiel de l'homme ; elle est encore ce qui l'exprime le mieux. Rien ne serait plus faux qu'un compte-rendu de *L'Imposture :* les faits n'y ont qu'une importance secondaire. Ce qui est primordial, c'est une certaine catégorie de conflits.

André Malraux, *L'Imposture par Georges Bernanos, NRF,* mars 1928, repris dans *L'Esprit de la NRF,* Gallimard, 1990, p. 655-656.

Le sujet réel de *L'Imposture* est le même que celui du précédent ouvrage de M. Bernanos : l'étude de la puissance de Satan. Ce livre est composé d'une façon que j'appellerai musicale : je veux dire que ce ne sont pas les personnages qui y créent les conflits mais les conflits qui y font naître les personnages. C'est pourquoi M. Bernanos s'attache au prêtre qui, avec plus de force et de netteté que tout autre, exprime les sentiments qu'il veut mettre en lumière.

Je ne serais pas étonné que les « crises » du livre qu'écrit M. Bernanos lui apparussent avant même que les personnages ne fussent fixés par son imagination. Car son art, involontairement peut-être, tend au général ; [...] il vit dans un monde particulier, créé par lui. Parfois il parvient à nous faire croire à l'existence de ce monde, à nous l'imposer de façon absolue ; la réussite est alors éclatante, nous nous trouvons en face de telles scènes (l'abbé Donissan se demandant si la recherche de la sainteté n'est pas la plus subtile tentation — la mort du curé Chevance) qui sont parmi les plus belles de la fiction moderne, par la profondeur et par la jouissance ; parfois il échoue, et son chapitre se transforme en pamphlet. Or, le pamphlétaire, en M. Bernanos, est loin de valoir le créateur d'hallucinations. Son don essentiel, celui qui fait la valeur de ses livres, c'est l'intensité. Or, comme l'orateur, s'il se trompe, gêne d'autant plus son auditoire qu'il crie plus fort, M. Bernanos s'affaiblit lorsqu'il vitupère des fantômes ou des caricatures.

Une des scènes de *L'Imposture* est symbolique de la façon dont M. Bernanos transforme le réel : c'est celle de la rencontre de l'abbé Cénabre et du mendiant. La peinture du pauvre, d'une puissance extrême, est foncièrement irréelle. Je ne veux pas dire inexacte, mais hors du monde des choses exactes. Elle a la faiblesse et la force des scènes lyriques (celle de la mort de Judas dans Greban, par exemple). Et c'est à propos de scènes semblables que je veux parler de création d'ordre musical. Elles sont nécessaires au portrait de l'abbé Cénabre, nécessaires aux romans de M. Bernanos. Il serait facile de montrer ce qu'elles ont de faux : quel mendiant interrogé dans les circonstances que rapporte l'auteur, répondrait comme son mendiant ? Ce n'est pas la réalité que suit M. Bernanos, mais une réalité particulière, réduite à des traits essentiels — et, pour cela, bien différente de l'autre — analogue à celle que traduit Claudel dans ses drames. Qu'une semblable traduction du monde puisse se faire dans le roman aussi bien que dans le drame lyrique, c'est assurément ce que l'on peut discuter. M. Bernanos est de ceux qui nous poussent à répondre par l'affirmative : s'il ne donne pas toujours l'impression de la réussite, il donne presque toujours celle de la grandeur.

2. PRÉFACE À ANDRÉE VIOLLIS, *INDOCHINE S.O.S.*

Andrée Viollis, grand reporter, avait révélé à ses lecteurs du *Petit Parisien* l'horreur de la guerre en Chine. Elle évoque Shanghai en des visions parfois proches de celles de Malraux : « Une grandeur tragique monte de cette ville aux cent visages, vous étreint le cœur » (4 janvier 1932) et avec le même sens du détail insolite : un chat qui s'étire et qui fait le gros dos au soleil après un combat, une affiche miraculeusement épargnée sur la façade d'un

cinéma en ruine. Dans *Indochine S.O.S,* elle alerte l'opinion française sur certains abus de la colonisation française et sur la dureté de la répression qui a suivi la révolte de Yen-Baî en 1930. Ses préoccupations rejoignent celles de l'auteur de *La Condition humaine* et on a pu rapprocher sa technique du reportage, ainsi que celle d'Albert Londres, de la présentation des événements par Malraux. En préfaçant son ouvrage, Malraux réfléchit sur les apports du reportage à l'art romanesque et aussi sur ses limites.

Je pense qu'il est bien peu de romanciers de notre temps qui n'aient rôdé autour des reportages réunis en volumes, qui n'aient senti que se préparait là une forme nouvelle de roman, et qui n'aient assez vite abandonné leur espoir. Le reportage continue pourtant une des lignes les plus fortes du roman français, de Balzac à Zola : l'intrusion d'un personnage dans un monde qu'il nous découvre en le découvrant lui-même. Déjà, en Russie, en Amérique, la fiction devient de moins en moins puissante. Elle a dominé le xixᵉ siècle à tel point qu'on a pu voir dans la transcendance ou l'évasion du réel l'idée même de l'art : on a donné des Mémoires pour des romans, alors que Retz et tant d'autres mettaient des romans dans leurs Mémoires ; et la volonté de vérité retrouve sa force depuis qu'on voit comment l'artiste peut employer le monde réel, depuis qu'à l'art qui reposait sur la métaphore se substitue sourdement l'art qui repose sur l'ellipse. La force virtuelle du reportage tient à ce qu'il refuse nécessairement l'évasion, à ce qu'il trouverait sa forme la plus élevée (tout comme le roman de Tolstoï) dans la possession du réel par l'intelligence et la sensibilité, et non dans la création d'un univers imaginaire (uni-

Malraux, préface à Andrée Viollis, *Indochine S.O.S.,* Gallimard, 1935, p. VII-VIII.

vers destiné parfois, lui aussi, à la possession du réel). Un reporter, dans un art dont la métaphore est l'expression essentielle, ne peut être qu'un manœuvre ; le poète, le romancier, seront toujours plus grands que lui. Si l'objet de l'art est de détruire le fait, le reporter est battu ; mais si cet objet peut être le rapprochement elliptique, non de deux mots, mais de deux faits, cinéaste et reporter retrouvent leur force, et c'est la même. Encore que la référence à la vérité soit plus importante dans le reportage que la vérité même.

3. PRÉFACE AU *TEMPS DU MÉPRIS*

Dans son roman *Le Temps du mépris,* paru en mai 1935, Malraux évoque la captivité et l'évasion d'un militant communiste allemand. La préface à ce roman témoigne de l'évolution politique de Malraux et de sa réflexion sur un art qui exprimerait une volonté collective au lieu du « fanatisme de la différence ».

L'exemple illustre de Flaubert prête plus que tout autre à confusion : Flaubert (pour qui la valeur de l'art était la plus haute, et qui, en fait, mettait l'artiste au-dessus du saint et du héros) ne créant que des personnages étrangers à sa passion, pouvait aller jusqu'à écrire : « Je les roulerai tous dans la même boue — étant juste. » Une telle pensée eût été inconcevable pour Eschyle comme pour Corneille, pour Hugo comme pour Chateaubriand, et même pour Dostoïevski. Elle eût été — elle est — acceptée par maints auteurs qu'il serait vain de leur opposer : il s'agit ici de deux notions essentielles de l'art. Nietzsche tenait Wagner pour histrion dans la mesure où celui-ci mettait son génie

Préface au *Temps du mépris,* 1935, in *Œuvres complètes,* Bibliothèque de la Pléiade, t. I, p. 775-777.

au service de ses personnages. Mais on peut aimer que le sens du mot « art » soit tenter de donner conscience à des hommes de la grandeur qu'ils ignorent en eux.

Ce n'est pas la passion qui détruit l'œuvre d'art, c'est la volonté de prouver ; la valeur d'une œuvre n'est fonction ni de la passion ni du détachement qui l'animent, mais de l'accord entre ce qu'elle exprime et les moyens qu'elle emploie. Pourtant, si cette valeur — et la raison d'être de l'œuvre, et sa durée tout au moins provisoire — sont dans sa *qualité,* son action, que l'auteur le veuille ou non, s'exerce par un déplacement des valeurs de la sensibilité ; et sans doute l'œuvre ne naîtrait-elle pas sans une sourde nécessité de déplacer ces valeurs. Or l'histoire de la sensibilité artistique en France depuis cinquante ans pourrait être appelée l'agonie de la fraternité virile. Son ennemi réel est un individualisme informulé, épars à travers le XIXe siècle, et né bien moins de la volonté de créer l'homme complet, que du fanatisme de la différence. Individualisme d'artistes, préoccupé surtout de sauvegarder le « monde intérieur », et fondé seulement lorsqu'il s'applique au domaine du sentiment ou du rêve ; car, concrètement, « les grands fauves de la Renaissance » furent toujours contraints pour agir de se transformer en ânes porteurs de reliques et la figure de César Borgia perd son éclat si l'on songe que le plus clair de son efficacité venait du prestige de l'Église. Le mépris des hommes est fréquent chez les politiques, mais confidentiel. Ce n'est pas seulement à l'époque de Stendhal que la société réelle contraint l'individualiste pur à l'hypocrisie dès qu'il veut agir.

L'individu s'oppose à la collectivité, mais il s'en nourrit. Et l'important est bien moins de savoir à

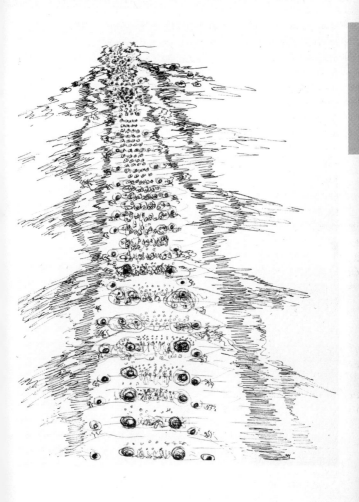

« Il ne faut pas penser la vie avec l'esprit, mais avec l'opium. »
Dessin mescalinien d'Henri Michaux. Coll. part. Ph. Galerie di Méo © A.D.A.G.P., 1991.

quoi il s'oppose que ce dont il se nourrit. Comme le génie, l'individu vaut par ce qu'il renferme. Pour nous en tenir au passé, la personne chrétienne existait autant que l'individu moderne, et une âme vaut bien une différence. Toute vie psychologique est un échange, et le problème fondamental de la personne concrète, c'est de savoir de quoi elle entend se nourrir.

Aux yeux de Kassner comme de nombre d'intellectuels communistes, le communisme restitue à l'individu sa *fertilité*. Romain de l'Empire, chrétien, soldat de l'armée du Rhin, ouvrier soviétique, l'homme est lié à la collectivité qui l'entoure ; Alexandrin, écrivain du XVIIIe siècle, il en est séparé. S'il l'est sans être lié à celle qui la suivra, son expression essentielle ne peut être héroïque. Il est d'autres attitudes humaines...

Il est difficile d'être un homme. Mais pas plus de le devenir en approfondissant sa communion qu'en cultivant sa différence — et la première nourrit avec autant de force au moins que la seconde ce par quoi l'homme est homme, ce par quoi il se dépasse, crée, invente ou se conçoit.

4. EN MARGE DE GAËTAN PICON, *MALRAUX PAR LUI-MÊME*

En marge de l'étude que lui consacre Gaëtan Picon, Malraux, dans un contexte historique tout autre que celui du *Temps du mépris*, réaffirme sa méfiance à l'égard du personnage « individualisé » et sa volonté de créer, dans son œuvre, un monde cohérent et particulier.

Je ne crois pas vrai que le romancier doive créer *des personnages* ; il doit créer un monde cohérent

Malraux, in Gaëtan Picon, *Malraux par lui-même*, coll. « Écrivains de toujours », © Éditions du Seuil, 1953, p. 38.

et particulier, comme tout autre artiste. Non faire concurrence à l'état civil, mais faire concurrence à la réalité qui lui est imposée, celle de « la vie ».

5. PRÉCISIONS À ROGER STÉPHANE

On a parfois voulu faire de Malraux un écrivain qui réduirait les hommes à leurs actions et rejetterait le « misérable tas de secrets » de leur intériorité. Dans un entretien avec son commentateur Roger Stéphane, auteur du *Portrait de l'Aventurier*, Malraux réagit contre cette interprétation réductrice et précise ses vues sur la part de l'acte et celle de l'inconscient.

Malraux consentait difficilement à parler de son œuvre. À l'aube de nos relations, comme je lui demandais assez sottement s'il tenait un journal — c'était alors la mode (Gide, Green), il haussa les épaules :

— C'est bon pour les gens qui se complaisent dans leur passé.

L'œuvre romanesque de Malraux était son passé ; il ne s'y complaisait pas. Mais à l'occasion, l'on pouvait, citant une phrase, un épisode, susciter une réaction.

Dans *La Condition humaine*, Malraux écrit : *Un homme est la somme de ses actes, de ce qu'il a fait, de ce qu'il peut faire,* affirmation qu'il resserre dans *La Lutte avec l'Ange : Pour l'essentiel, l'homme est ce qu'il fait.*

— *La phrase est de Hegel. Elle a une grande importance par rapport à la question posée : Qu'est-ce que l'homme ? Elle consiste à envoyer balader l'Éternel.* (Un silence.) « *Pour l'essentiel, l'homme est ce qu'il fait.* » *Curieuse, la fortune de*

Malraux, in Roger Stéphane, *Entretiens et précisions*, Gallimard, 1984, p. 71-73.

225

cette petite phrase. D'autant que ce n'est pas moi qui l'énonce mais un personnage qui réagit avec colère contre l'irresponsabilité intellectuelle qu'expriment d'autres personnages. Pour mon compte, je ne dirais pas du tout que l'homme est ce qu'il fait, je dirai plutôt qu'il me paraît indispensable, dans un univers de littérature où on a tellement tenu ce que l'homme fait pour moins que rien, qu'il est absolument indispensable de l'y réintroduire. Autant une civilisation — comme celles qui ont précédé la nôtre — se définit soit par son type d'hommes, soit par les questions essentielles auxquelles il est répondu, autant notre civilisation ne se définit pas. Je ne dirais pas du tout : « L'homme est ce qu'il fait », parce que… ah ! qu'est-ce que l'homme ? À cette question, je répondrai : « Nous sommes la première civilisation qui n'en sache rien », et vous me demandez : « La vie a-t-elle un but ? » Ma réponse est : « N'oublions pas que nous sommes la seule civilisation pour laquelle l'homme n'ait pas de but. » Toutes les autres civilisations ont reposé, en gros, sur des religions, l'ensemble des valeurs d'une culture, ce sont naturellement les valeurs religieuses de cette culture un peu plus tôt ou plus tard. Il se trouve que tout ça a cessé avec ce qu'on a appelé la « civilisation des Lumières » et on a cru que la raison remplacerait les valeurs religieuses. Or, nous nous sommes aperçus que la raison ne remplaçait pas du tout les valeurs religieuses ; il y a une expérience saisissante : c'est, précisément, dans la civilisation de la raison qu'il y a eu l'irruption de l'inconscient et que nous ne pouvons évidemment pas nous mettre à prendre ce que nous a apporté la philosophie des profondeurs, mettons même très simplement la psycha-

nalyse, comme une dépendance de la raison. Ce que je voulais mettre en lumière, c'était : nos chers amis les intellectuels ont un peu trop l'habitude de nous faire croire que l'essentiel d'un homme se confond avec ce qu'on ne connaît pas.

— Nos chers amis intellectuels sont freudiens...

— Entre 1920 et 1940, Freud a pesé !

Ce qui me gêne avec Freud c'est qu'au bout du compte, il aboutit à : ce que j'apporte, c'est que le problème essentiel d'un homme est toujours lié à un segment de son expérience psychologique.

Qu'est Roger Stéphane ? C'est quelqu'un qui est conditionné quoi qu'il arrive par un morceau de sa vie. Alors on peut discuter du morceau, on peut prendre telle ou telle tranche, mais, premièrement, il y a eu un morceau de vie, et ce morceau de vie est en train à l'heure actuelle de vous « donner ». Je ne crois pas que cela soit vrai, je crois tout ce que Jung et les siens ont apporté : c'est-à-dire qu'un être humain ne se définit pas exclusivement par sa vie intellectuelle mais aussi par nombre d'événements qui ne sont pas individuels quoique liés à l'inconscient. Ça c'est vrai.

VII. UNE ADAPTATION THÉÂTRALE DE *LA CONDITION HUMAINE*

Lors de son séjour à Moscou en juin 1934, Malraux avait rencontré le grand metteur en scène Meyerhold qui devait réaliser une adaptation théâtrale de *La Condition humaine* avec une musique de scène de Serge Prokofiev. Le projet n'eut pas plus de suite que celui d'Eisenstein au cinéma.

C'est en définitive Thierry Maulnier qui, en 1954, fit l'adaptation théâtrale mise en scène par Marcelle Tassencourt. Malraux écrivit entièrement la dernière scène de la pièce. Il est intéressant de la comparer avec la fin de la sixième partie et la septième partie du roman. Elle résout certaines ambiguïtés de l'épilogue du roman — peut-être en le restreignant, voire en l'appauvrissant. En tout cas, elle permet de mesurer une certaine évolution de l'écrivain.

[DERNIÈRE SCÈNE DE LA PIÈCE
Coll. « Paris-théâtre », s. d. *[1955]*]

Malraux, *Œuvres complètes*, t. I, Bibliothèque de la Pléiade, p. 768-771.

TABLEAU XXV
Chez Gisors
GISORS, MAY, KYO *mort*

Kyo mort est étendu. À côté de lui, May et Gisors.

MAY : Il semble toujours que la mort attende quelque chose.

GISORS : Ses prières. Elle n'entend que la prière et la douleur.

[...]

GISORS : Qu'allez-vous faire maintenant ?

MAY : Je pars pour le Turkestan. Le Kouo-min-tang ne nous a pas encore assassinés là-bas. Les nôtres se reforment dans toutes les provinces.

Tchang Kaï-chek ne fera pas la Chine et nous finirons bien par revenir un jour. Si ça ne s'arrange pas, je reprendrai la médecine. Mais je suis si lasse de soigner. Il y faut une sorte de grâce d'état, et il n'y a plus en moi de grâce d'aucune sorte. Et puis, maintenant, il m'est presque toujours intolérable de voir mourir. Enfin, c'est encore une façon de venger Kyo.

GISORS : On ne se venge plus à mon âge.

MAY : Qu'allez-vous faire vous-même ?

GISORS : On m'offre un poste à l'institut Sun Yatsen de Moscou. Mais quoi ? Enseigner aux prochains insurgés à livrer leurs armes pour être livrés eux-mêmes au Kouo-min-tang ? Qu'irais-je faire là-bas ?

MAY : Changer à nouveau, peut-être.

GISORS : Je n'ai pas d'autre fils à perdre.

MAY : Vous disiez : « Ceux qui ont donné conscience de leur révolte à cinq cents millions de misérables n'étaient pas des ombres comme les hommes qui passent, même battus, même suppliciés, même morts. » Ils sont morts maintenant.

GISORS : Je pense toujours ce que je pensais. C'est autre chose. Je n'ai jamais aimé beaucoup le monde. C'était Kyo qui me rattachait aux hommes ; c'était par lui qu'ils existaient pour moi. N'avez-vous aucun désir d'un enfant ? Écoutez-moi : il faut aimer les vivants et non les morts.

MAY : Je ne vais pas là-bas pour aimer.

GISORS : Sur le chemin de la vengeance, ma petite May, on rencontre la vie, parfois l'amour...

MAY : Ce n'est pas une raison pour l'appeler. Je regarde votre visage, étranger revenu du fond de la mort. Ce qu'a fait Kyo reste incrusté dans le cœur des nôtres, comme les inscriptions des empires primitifs dans les gorges des fleuves et malgré la défaite, la vieille Chine est aussi effacée du monde que le sens de la vie de Kyo l'est de votre visage...

GISORS : Pourquoi ne dormirais-je pas ? Je ne m'éveille que pour savoir que Kyo n'est plus là. Je retrouve souvent ceux que nous avons connus, les nôtres et les autres, non par des rêves, mais par une sorte de présence délivrée. Et ce qu'ils ont voulu : la Chine, la puissance, l'argent, la justice se mêle dans le vent tranquille de la mort aux nuages de Mongolie qui vont se perdre dans le Pacifique. Il faut neuf mois pour faire un homme et un seul jour pour le tuer. Nous l'avons su autant qu'on peut le savoir l'un et l'autre... May, écoutez... Il ne faut pas neuf mois, il faut soixante ans pour faire un homme, soixante ans de volonté, de... tant de choses. Et quand cet homme est fait, quand il n'y a plus rien en lui de l'adolescence, quand il est vraiment un homme, il n'est plus bon qu'à mourir.

MAY : Que la Chine soit morte et que Kyo soit vivant !

GISORS : Vous voyez, votre opium ne vaut pas mieux que le mien... La paix bouddhique descend sur les biches endormies du parc. C'est l'heure où les dieux s'éveillent...

MAY : Qu'est-ce qu'un dieu ?

GISORS : Pour Kama, le secret de l'univers ; pour presque tous les hommes, un créateur qui est aussi un juge. Pour moi, ce qui donnerait un sens à la vie. Je ne crois donc en aucun dieu... Et c'est la leçon de néant des nébuleuses que je fuis en me penchant vers cette petite lampe, comme chaque phalène humain sur celle qu'il subit...

MAY : Ou choisit ?

GISORS : Merci. Vous parlez comme Kyo... Et vous avez raison d'aller là-bas. Je sais pour quoi il est mort et je pense au jour où rien ne restera de cette civilisation qui s'écroule, ni de la nôtre. Mais il y aura encore des êtres humains qui accepteront de perdre leur vie pour l'idée qu'ils se font de ce que peuvent être les hommes. Pour quelque chose dont le progrès est la caricature, et qui est aussi vieux que la découverte du feu. Disons si vous voulez ce par quoi l'homme échappe au destin... Vous comprenez ?

MAY : Je sais ce que veut dire « guérir un enfant ».

GISORS : Nous sommes tous ravagés d'éternel, de vieillesse et de mort. Mais, depuis les siècles des siècles, un étrange pouvoir de l'homme a empêché les hommes de retourner à la bête et aux monstres qui l'habitent.

MAY : Mais pas de mourir.

GISORS : Nul ne peut ne pas mourir, mais l'homme seul peut donner sa vie. Il s'agit moins de sacrifice que d'une sorte de communion millénaire contre le destin, et la petite lampe allumée dans l'indifférente dérive des constellations me semble alors veiller sur un immense et mystérieux tombeau. Si Dieu est mort, rien n'est changé. Si le monde n'a pas de sens, précisément parce qu'il n'en a pas, toute sa dérision ne peut prévaloir sur le plus humble des actes de justice, d'héroïsme ou d'amour.

MAY : Même d'une justice ou d'un héroïsme dupé ? Même d'un amour déçu ?

GISORS : Même trahi. Vous allez dans la Chine musulmane ? Pensez à moi quand vous entendrez la fin du ramadan : « Et si cette nuit est une nuit du destin, bénédiction sur elle jusqu'à l'apparition de l'aurore ».

> *May s'éloigne. Pendant qu'elle sort, on entend sa voix enregistrée.*

VOIX DE MAY, *enregistrée :* Que la Chine soit morte, et que Kyo soit vivant.

RIDEAU

Lavis de Zao Wou Ki 1979. Ph. Galerie de France © A.D.A.G.P., 1991.

VIII. LA LECTURE DE *LA CONDITION HUMAINE* SE POURSUIT

Les critiques, à la publication de *La Condition humaine,* ont établi une « vulgate » de la lecture du roman : dans un monde absurde contre lequel les hommes réagissent par l'usage désespéré de la volonté, des individus, fondamentalement solitaires, sont écrasés par un destin tragique. Mais leur attitude de refus leur confère noblesse et grandeur. Cette interprétation, « existentialiste humaniste », devait prédominer au long des années quarante et cinquante.

Tout de même, la dimension collective du roman devait être, à la même époque, peu à peu mise en évidence.

1. COMMENT CLAUDE ROY DEVINT COMMUNISTE

En pleine « guerre froide », Claude Roy qui a adhéré, en participant à la Résistance, au Parti communiste, rappelle qu'il n'est « pas le seul à être devenu communiste en partie grâce à Malraux ». Est-il besoin de rappeler que Claude Roy a évolué depuis lors — et cela dès 1956 ?

Si Malraux, ses éclats et ses trahisons, sa hauteur et ses bassesses, concernent et préoccupent si fortement notre génération, ce n'est pas seulement pour cela, et parce que ses plus nécessaires images, sinon la morale qu'il tire de leur examen, correspondent exactement à ce que nous avons

Claude Roy, *André Malraux et Léon Tolstoï,* in *Descriptions critiques,* Gallimard, 1949, p. 226-227.

233

vécu, vu : des guerres, des supplices, la mort tous les jours possible et probable. Ce n'est pas seulement pour son prestige de joueur, autrefois de beau joueur, d'homme qui prétend parler de ce dont il a le droit de parler. C'est aussi parce qu'il a formulé de façon décisive quelques raisons, dans une guerre qui se poursuivait précisément (avant même que nous naissions), qui se poursuit encore, de choisir un côté et non un autre. Je sais ne pas être le seul à être devenu communiste en partie grâce à Malraux, parce que l'histoire m'a pris, comme des millions d'êtres, en écharpe, m'a arraché à l'univers des nuées, parce qu'on a assassiné autour de moi, sous mes yeux, des êtres qui me tenaient de près, et que la mythologie des nuages bourgeois où j'avais vécu *justifiait* ces assassinats que cœur et raison refusaient. Je suis devenu communiste, durement, tragiquement, pas à pas, en partie grâce à la grande *leçon de choses* de la guerre. Mais les livres de Malraux aidaient à la déchiffrer. (Ils y aident encore.) Ceci se passait (nous l'ignorions) à l'instant précis où, non seulement il cessait d'être communiste, mais devenait hargneusement, mystérieusement anticommuniste. A de jeunes hommes émergeant à la vie de l'esprit dans un temps de crise aiguë, à la génération des vingt ans en 40, qui n'avaient sous la main ni Marx, ni Engels, ni Lénine pour les aider à déchiffrer le monde qui s'abîmait devant eux, il restait *La Condition humaine, Le Temps du mépris, L'Espoir,* c'est-à-dire des sentiments forts, des images exaltantes et des formules vraies.

2. PLUSIEURS VOIX EN UNE SEULE (GAËTAN PICON)

Gaëtan Picon a été, dès la parution de *La Condition humaine*, un interprète subtil et pénétrant reconnu d'emblée par l'auteur. Dans son *Malraux par lui-même*, il met en évidence la capacité qui est celle de Malraux, à travers le même langage et le même accent, d'exprimer les postulations multiples qui sont en lui.

Pas un seul personnage *accentué* qui ne soit en un certain sens lui-même. Malraux comprend plus qu'il ne représente : l'universalité de compréhension de son intelligence va plus loin que les possibilités de son expression artistique. Invinciblement agnostique, il possède une intelligence de l'attitude religieuse (qui, d'ailleurs, est allée s'approfondissant) qui lui permet d'écrire, dans un passage des *Voix du silence,* que le saint ne s'évade pas de l'humanité mais l'assume : néanmoins, il n'a jamais incarné l'attitude religieuse en un personnage auquel il eût donné un accent comparable à celui de ses véritables héros : le Pasteur qui a élevé Tchen n'est pas Gisors, Guernico n'est pas Scali. Ainsi, s'il comprend plus qu'il ne représente, il ne représente que ce qu'il est capable d'éprouver vitalement, ce qu'il est, ce qu'il choisit, ce qui le tente. Sans doute, Clappique et Gisors indiquent deux évasions qu'il repousse ; et il désavoue la volonté de puissance au service du capitalisme chez Ferral. Mais il a connu ce qu'en eux il repousse : le goût de l'action pour la puissance, et aussi le goût de la fiction (on peut imaginer que Clappique est l'auteur de *Lunes en papier*), le goût — fugitif mais éprouvé — de l'apaisement par l'opium. Comme Garine le dit de Hong (« *Il est peu d'adversaires que je comprenne mieux que lui* »),

Gaëtan Picon, *Malraux par lui-même*, coll. « Écrivains de toujours », © Éditions du Seuil, 1953, p. 35, 37, 39.

235

Malraux est chacun des adversaires qu'il se donne. Et combien inséparables de lui-même tous ces personnages à travers lesquels la volonté révolutionnaire semble inlassablement à la recherche de sa propre plénitude : fragments douloureusement séparés d'une sorte d'unité non point perdue, celle-là, mais inaccessible, — où l'être et l'agir n'auraient qu'une voix. [...]

Toutes ces voix adverses s'unissent en celui qui anime leur dialogue. Tous ces ennemis sont fraternels. *« Un type de héros en qui s'unissent la culture, la lucidité et l'aptitude à l'action »* : à travers Garine, Malraux définit tous ses personnages, — se définit lui-même. Ils ont tous le même langage, celui de l'intellectuel ; le même domaine, celui de l'action ; le même accent, celui d'une passion d'autant plus véhémente qu'elle est plus inquiète d'elle-même, et plus soucieuse des autres vérités. Malraux ne cherche nullement, comme Balzac ou Proust, à donner à chaque personnage une voix personnelle, à le délivrer de son créateur. Dans le dialogue qui les oppose, Ferral parle comme Gisors, Scali comme Alvear, Walter comme Vincent Berger. Leur langage, Malraux ne l'a pas surpris en écoutant les autres hommes : il l'obtient, sinon en transcrivant, du moins en transposant le sien propre. Le langage qu'il prête à ses personnages, c'est le sien — celui de sa conversation — mais filtré, magnifié. Filtré : car il y a au moins une veine qui ne passe guère dans l'œuvre, celle de l'ironie gouailleuse qui intervient si souvent dans sa conversation. Magnifié : car la conversation (par l'ironie, justement) réduit souvent ce que l'œuvre exhausse. Mais on retrouve dans les dialogues de son œuvre le rythme qui est celui de sa parole (et de sa pensée) : la même rapidité, la même brusquerie de l'attaque, un emportement frémissant et saccadé, le même pathétique syncopé, la même alliance d'éloquence lyrique et de sobriété elliptique. Mêmes aphorismes sans appel, même formulation passionnée, même fulguration de la phrase flamboyant comme une mince lame soudain dégainée, puis s'éteignant au feu d'une formule adverse.

3. UN « PERSONNAGE PROBLÉMATIQUE COLLECTIF » (LUCIEN GOLDMANN)

Le sociologue Lucien Goldmann émet l'hypothèse que le héros de *La Condition humaine* n'est pas un individu — tel Garine dans *Les Conquérants* — mais un personnage collectif : la communauté des révolutionnaires de Shanghai.

La véritable nouveauté du livre réside dans le fait que, par rapport aux univers de *La Voie royale* et des *Conquérants,* qui étaient régis par le problème de la réalisation individuelle des héros, l'univers de *La Condition humaine* est régi par de tout autres lois et surtout par une valeur différente : *celle de la communauté révolutionnaire.*

Abordons d'emblée l'essentiel : roman dans le sens le plus strict du mot, *La Condition humaine* comporte un héros problématique, mais, roman de transition, elle nous décrit, non pas un individu, mais un *personnage problématique collectif :* la communauté des révolutionnaires de Shanghai représentée dans le récit en premier lieu par trois personnages individuels : Kyo, Katow et May, mais aussi par Hemmelrich et par tous les militants anonymes dont nous les savons entourés.

Lucien Goldmann, *Introduction à une étude structurale des romans de Malraux,* in *Pour une sociologie du roman,* Gallimard, 1964, p. 103-105.

237

Héros *collectif* et *problématique*; ce dernier trait, qui fait de *La Condition humaine* un véritable roman, provient du fait que les révolutionnaires de Shanghai sont attachés à deux exigences à la fois essentielles et, dans l'univers du roman, contradictoires : d'une part, l'approfondissement et le développement de la révolution et, d'autre part, la discipline envers le parti et l'Internationale.

Or, parti et Internationale, engagés dans une politique purement défensive, sont rigoureusement opposés à toute action révolutionnaire dans la ville, retirent les troupes qui leur sont fidèles et exigent la remise des armes à Tchang Kaï-Chek bien que, de toute évidence, celui-ci se prépare à massacrer les dirigeants et les militants communistes.

Dans ces conditions, il est inévitable que les militants de Shanghai s'orientent droit vers la défaite et le massacre.

[...]

Dans ce cadre, la valeur qui régit l'univers de *La Condition humaine* est celle de la *communauté,* laquelle ne saurait être en l'espèce que la *communauté du combat révolutionnaire.*

4. LES AILLEURS ET L'ICI (RÉGIS DEBRAY)

En 1977, Régis Debray, dont Malraux semble préfigurer la jeunesse révolutionnaire, considère, avec un mélange d'amusement affectueux et de vénération, cet écrivain qui l'a tant marqué. Tout en dépoussiérant un certain nombre d'« idées reçues », il évoque la chance qui fut celle de Malraux d'écrire à une époque où l'aventure et l'Histoire, le réalisme et le merveilleux, pouvaient encore

se fondre. **Malraux fascine et fait rêver parce qu'il a été, à l'intersection du réel et de l'imaginaire, l'orchestrateur d'un grand « mythe moderne ».**

La fascination qu'exerce l'univers romanesque de Malraux vient de ce qu'il a réinscrit la poésie immémoriale de l'aventure dans la prose brutale de son temps politique. De cette réunion est née la transfiguration des deux. La poésie du dépaysement était empreinte de gratuité, et le prosaïsme de l'action politique d'un insipide ennui. Tout d'un coup — coup fumant — l'aventure fait sérieux et la politique fait rêver. Ce tour de prestidigitation, c'est ce qu'il appellera lui-même un jour, à propos, je crois, de T.E. Lawrence, *le réalisme de la féerie,* qui est aussi la marque de son œuvre à lui et le secret de son envoûtement.

[...]

Ce qui revient à nous demander, pour revenir à ces livres de jeune homme : quels tréfonds de légende ont-ils été solliciter chez le lecteur pour qu'une telle œuvre romanesque ait pu si rapidement devenir à la fois un tabou pour la critique et un lieu commun pour notre culture ? Dans quelles féeries tangibles a-t-elle puisé sa puissance d'illusion ?

D'abord, dans un merveilleux géographique : l'Orient ; ensuite, dans un merveilleux historique : la Révolution. En quoi, curieusement, l'œuvre est datée, et son avenir plus incertain que celui des grandes subversions du langage, Joyce ou Kafka. Car les marges de l'inouï se sont entre-temps singulièrement rétrécies. L'avion a désenchanté l'Orient, et le Goulag nous a fait déchanter. Le navire porte le songe, le Jet transporte l'homme d'affaires. En 1930, l'Extrême-Orient n'a pas encore perdu ses vertus initiatiques, ne serait-ce

Régis Debray, *André Malraux ou l'impératif du mensonge,* préface pour le Club français du Livre, janvier 1977, repris dans *Éloges,* Gallimard, 1986, p. 138, p. 131-144.

239

que parce qu'il fallait près de deux mois pour se rendre à Hong Kong... Un séjour de vacances à Aden (au bord de la mer Rouge...) suffisait à justifier un livre. Un voyage en mer de Chine, ce n'était pas l'expédition de Marco Polo, mais en tout cas une entreprise qui comptait dans la vie d'un homme. Suez, Djibouti, Colombo, Sumatra, Singapour, Saigon : ces escales égrenaient un parcours d'initiation, et c'est sur lui que s'ouvre l'action des *Conquérants* comme celle de *La Voie royale*. Autant de noms qui plongeaient les adolescents dans des rêveries d'ombre et d'or, dans une sensualité troublée d'éblouissements mystiques. Le rituel des longues croisières (moiteur des coursives, scintillation des ports dans la nuit, écœurante douceur du roulis...), si propice à l'écriture, conférait au spleen des âmes bien nées élégance et profondeur. Bref, laissant l'anecdotique de côté, la chance du romancier fut là aussi : d'avoir vingt ans à une époque où l'Occident avait encore un *ailleurs* ; et où celui qui en revenait revenait de loin, oint des Saintes Épreuves et trempé d'ineffable. On sait comment, depuis, notre société industrielle a enfourné ses banlieues dans sa gueule de goudron-acier-néon.

Mais elle fut surtout historique, cette chance. En 1930, ce n'est pas seulement le Continent, c'est la société européenne qui est flanquée d'un *ailleurs,* d'un dehors absolu : la Révolution — avec majuscule. Elle représenta longtemps le merveilleux moderne, comme la Croisade des preux et le martyre des saintes, le merveilleux chrétien. N'oublions pas que ce qui dégoûte aujourd'hui quelques-uns comme une forfaiture et ennuie la plupart comme un rapport d'apparatchik, faisait alors palpiter tous les cœurs d'Europe et tenait en haleine ses esprits les plus blasés. La Révolution russe dont on ignorait les rouages mais dont on pressentait le poids n'était plus une douce rêverie slave et pas encore une férocité politique parmi d'autres : bref, un beau risque à courir. Il y a romantisme révolutionnaire entre le moment où la Révolution cesse de hanter les brasseries et les divagations d'étudiants et celui où elle devient un État comme les autres — dans l'intervalle qui sépare le dévaliseur de trains postaux du Maréchal doré sur tranche : entre quinze et vingt ans. Staline mis à part, éphémère comparse, Lénine, la pléiade des bolcheviks historiques, le Komintern, l'Armée rouge faisaient frissonner des deux côtés, de crainte ou de vénération, et la crème de l'intelligentsia française défilait à Moscou. Les ponts n'étaient pas encore coupés entre intellectuels et politiques, entre l'espoir d'une civilisation différente et la conduite du nouvel État, entre une espérance mondiale et le premier plan quinquennal. [...] Dans le claquement des drapeaux rouges du 1er Mai, de Santiago à Shanghai en passant par Paris et Berlin, le communisme d'avant les procès de Moscou, d'avant le Goulag, d'avant Prague, s'offrait à ses adversaires tout autant qu'à ses fidèles comme un « après » possible : une fenêtre sur autre chose, paradis ou purgatoire. Le merveilleux moderne s'est laïcisé au mieux, profané au pire, à une vitesse vertigineuse. Banalisée en establishment, dégradée en Realpolitik, avilie par la paranoïa faite despote, la Révolution a perdu son ancrage mythique — ou s'est fixée ailleurs. Après *Les Conquérants* sont venus les Militants, d'une grandeur plus quotidienne ; et nous voici avec les Dirigeants, dont on peut tout faire sauf des personnages d'épopée. Après Malraux, Roger Vailland. Après Vailland, rien...

Rencontre unique, éblouissante comme l'éclair, que celle des derniers *ailleurs* dont disposait, dans le monde et l'histoire, encore pour quelques minutes, l'imaginaire occidental — avec le ressassement, par le truchement d'hommes d'*ici,* des plus vieux thèmes d'*ici :* l'amour et le sexe, la mort et la survie, la durée des œuvres et la poussière des corps... Rencontre qui n'aura plus jamais lieu.

5. LA RÉVÉLATION DE LA RÉALITÉ INTÉRIEURE (CLAUDE TANNERY)

Au fil des années, l'attention se porte moins sur l'éthique de Malraux ou sur ses positions dans la cité et davantage sur son art et sur sa métaphysique. Claude-Edmonde Magny, Jean Carduner ont analysé les techniques romanesques de Malraux, principalement dans le cadrage, l'éclairage, l'organisation et la liaison des scènes. François Trécourt et Christiane Moatti ont tiré les enseignements qu'apporte l'étude des états du manuscrit de *La Condition humaine* pour mettre en évidence la poétique de Malraux. Henri Godard a mis au jour la réflexion de Malraux sur la littérature et la métaphysique de la création qu'elle implique.

C'est à « l'agnosticisme absolu » de l'écrivain que Claude Tannery, en s'appuyant entre autres sur les révélations de l'ami et traducteur japonais de Malraux, Tadao Takemoto, a consacré une étude particulièrement éclairante.

Il me paraît presque certain que c'est au Japon, en mai et juin 1974, qu'a dû naître en Malraux le sentiment de l'existence des formes primordiales. Il a dit qu'en descendant l'escalier conduisant à la cascade de Nachi, il avait éprouvé, pour la pre-

Claude Tannery, *Malraux, l'agnostique absolu ou la métamorphose comme loi du monde,* Gallimard, 1985, p. 314-315.

mière fois devant une chute d'eau, « la transmission du sacré ». Du rouleau anonyme du XIVᵉ siècle qui figure la cascade de Nachi et qui est au musée Nezu de Tokyo, Malraux dit que, comme tous les chefs-d'œuvre de l'Extrême-Orient, il n'est pas un tableau mais « un signe », non pas « le signe d'un spectacle » mais « le symbole d'un mystère ». Après son voyage au Japon, Malraux travaille à *L'Intemporel* dont les chapitres VII et VIII sont une longue méditation sur les arts qui poursuivent la Réalité intérieure au-delà des apparences, et qui l'atteignent. Depuis *La Tentation de l'Occident,* paru en 1926, et même depuis son adolescence, Malraux avait été un assoiffé de la Réalité intérieure, mais rien ne préparait alors un Occidental à trouver en lui la Réalité intérieure des êtres et des choses. « L'Occident connaît peu le concept de Réalité intérieure parce que notre individualisme tient toute Réalité intérieure pour subjective. » Toute la pensée occidentale a reposé pendant des siècles sur l'idéal de l'objectivation et sur le danger du subjectif. La Réalité intérieure, croyait-on, ne pouvait être que subjective. La pensée religieuse occidentale, elle aussi, détournait de la Réalité intérieure car, étant fondée sur la transcendance plus que sur l'immanence, elle demandait à ses fidèles de se tourner vers une Transcendance extérieure. C'est pourquoi l'Église essaya de placer sous le boisseau la lumière éclatante de ses mystiques qui avaient trouvé en eux le feu brûlant de la présence intérieure de leur Dieu transcendant, et c'est pourquoi quand elle n'arrivait pas à estomper leur clarté, elle les récupérait en en faisant des Saints comme les autres.

Dès ses premiers voyages en Chine et au Japon, Malraux avait toujours cherché à

comprendre ce que pouvait être la Réalité intérieure pour un Extrême-Oriental, mais il avait fait
ces voyages soit entre vingt et trente ans, soit à
des périodes de sa vie où l'art n'était pas encore
devenu pour lui une énigme. Il avait alors *étudié* la
Réalité intérieure, il ne l'avait pas *éprouvée*. En
mai et en juin 1974, devant la cascade de Nachi
comme dans les Temples d'Ise, de Kyoto et de
Nara, Malraux ne pense plus la Réalité intérieure, il
l'éprouve. Il *sent* maintenant ce que veut vraiment
dire la phrase : un artiste japonais, en peignant un
signe, « espère avoir reçu la confidence du
monde ». Il l'éprouve au plus profond de lui, il sent
que « le monde de la Réalité intérieure est plus
subtil que le Cosmos ».

BIBLIOGRAPHIE

ÉDITIONS DE *LA CONDITION HUMAINE*

Édition préoriginale : le roman est paru de janvier à juin 1933 dans les numéros 232 à 237 de *La Nouvelle Revue française*.

Édition originale : le premier tirage en volume chez Gallimard est « achevé d'imprimer » le 5 mai 1933.

Édition revue et corrigée par l'auteur : Gallimard, collection blanche, 1946.

Œuvres complètes, t. 1, *La Condition humaine,* texte présenté, établi et annoté par Jean-Michel Gliksohn, Bibliothèque de la Pléiade, Gallimard, 1989.

BIOGRAPHIE, TÉMOIGNAGES

Jean Lacouture : *André Malraux. Une vie dans le siècle,* Seuil, 1973.

Clara Malraux : *Le Bruit de nos pas,* particulièrement :

t. 2 *Nos vingts ans,* Grasset, 1966.

t. 3 *Les Combats et les Jeux,* Grasset, 1969.

t. 4 *Voici que vient l'été,* Grasset, 1973.

Walter Langlois : *André Malraux. L'aventure indochinoise,* Mercure de France, 1967.

Eddy du Perron : *Le Pays d'origine,* Gallimard, 1980.

Philippe et François de Saint-Chéron : *Notre Malraux,* Albin Michel, 1979.

Alain Malraux : *Les Marronniers de Boulogne,* Plon, 1978.

ENTRETIENS AVEC MALRAUX SUR SON ŒUVRE

Frédéric J. Grover : *Six entretiens avec André Malraux sur des écrivains de son temps (1959-1975),* Idées, Gallimard, 1978.

Roger Stéphane : *André Malraux, entretiens et précisions,* Gallimard, 1984.

Guy Suarès : *Malraux, celui qui vient,* Stock plus, 1979.

ÉTUDE SUR *LA CONDITION HUMAINE*

Christiane Moatti, *La Condition humaine d'André Malraux, poétique du roman d'après l'étude du manuscrit,* Lettres Modernes, 1983.

ÉTUDES SUR L'ŒUVRE DE MALRAUX EN LANGUE FRANÇAISE

Maurice Blanchot : Note sur Malraux, in *La Part du Feu,* Gallimard, 1949.

Jean Carduner : *La Création romanesque chez Malraux,* Nizet, 1968.

Régis Debray : *André Malraux ou l'impératif du mensonge,* in *Éloges,* Gallimard, 1986.

Jeanne Delhomme : *Temps et Destin,* Gallimard, 1955.

Jean-Marie Domenach : *Malraux ou la Tragédie de la mort,* in *Le Retour du tragique,* Seuil, 1967.

Françoise Dorenlot : *Malraux ou l'Unité de pensée,* Gallimard, 1970.

Pierre Drieu la Rochelle : *Sur les écrivains,* Gallimard, 1964.

Brian T. Fitch : *Les Deux Univers romanesques d'André Malraux,* Lettres Modernes, 1964.

Brian T. Fitch : *Le Sentiment d'étrangeté chez Malraux, Sartre, Beauvoir,* Lettres Modernes, 1967.

Pol Gaillard : *Les Critiques de notre temps et Malraux,* Garnier, 1970.

Henri Godard : *L'Autre Face de la littérature. Essai sur André Malraux et la littérature,* Gallimard, 1990.

Lucien Goldmann : *Introduction à une étude structurale des romans d'André Malraux,* in *Pour une sociologie du roman,* Gallimard, 1964.

Jean Guéhenno : *La Condition humaine* in *Entre le passé et l'avenir,* Grasset, 1979.

Claude-Edmonde Magny : *L'Age du roman américain,* Seuil, 1948.

François Mauriac : *Journal,* t. 2, Grasset, 1937.

Christiane Moatti : *Le Prédicateur et ses masques, étude des personnages,* publication de la Sorbonne, 1987.

Emmanuel Mounier : *L'Espoir des désespérés,* Seuil, 1970, repris dans *Malraux, Sartre, Camus, Bernanos,* Points, Seuil, 1970.

Robert Payne : *André Malraux,* Buchet-Chastel, 1973.

Gaëtan Picon : *Malraux par lui-même,* annotations de Malraux, Seuil, 1953.

Michel Raimond : *Le Roman français contemporain,* t. 1, C.D.U. SEDES, 1976.

Michel Raimond : *Le Roman depuis la Révolution,* Armand Colin, 1967.

Claude Roy : *André Malraux et Léon Tolstoï,* in *Descriptions critiques,* Gallimard, 1949.

Pierre-Henri Simon : *André Malraux ou le défi à la mort,* in *L'Homme en procès,* Payot, 1950-1967.

Pierre-Henri Simon : *André Malraux et le Sacré* in *Témoins de l'Homme,* Payot 1962 et 1967.

Roch Smith : *Le Meurtrier et la vision tragique, essai sur les romans d'André Malraux,* Didier, 1975.

Roger Stéphane : *Fin d'une jeunesse,* la Table Ronde, 1954.

Roger Stéphane : *Portrait de l'aventurier,* Sagittaire, 1950.

Tadao Takemoto : *André Malraux et la cascade de Nachi,* Julliard, 1989.

Claude Tannery : *Malraux, l'agnostique absolu, ou la métamorphose comme loi du monde,* Gallimard, 1985.

André Vandegans : *La Jeunesse littéraire d'André Malraux,* Pauvert, 1964.

SUR LA RÉCEPTION DE *LA CONDITION HUMAINE*

Michel Bernard : « L'œuvre romanesque de Malraux vue à travers la presse de l'entre-deux-guerres », in *Revue de l'institut de sociologie,* Université libre de Bruxelles, 1963-2.

Joseph Jurt : « La réception critique de l'œuvre romanesque de Malraux », in Série André Malraux, collection de la *Revue des Lettres Modernes,* n° 4, 1978, n° 133-150.

NUMÉROS SPÉCIAUX DE REVUES

André Malraux, *Cahier de l'Herne,* n° 43, 1982.
André Malraux, *Revue d'Histoire littéraire de la France,* mars-avril 1981.
Questions à André Malraux, *Esprit,* octobre 1948.
Toute la série « André Malraux » de la *Revue des Lettres Modernes,* sous la direction de Walter Langlois, nos 1 à 7.

AUTRES OUVRAGES CITÉS

Maurice Barrès : *Mes cahiers,* Plon, 1963.
Walter Benjamin : *Paris la ville dans le miroir,* in *Sens unique,* les Lettres Nouvelles, 1978.
Georges Bernanos : *Journal d'un curé de campagne,* Plon, 1974.
André Breton : *Limite non frontière du Surréalisme,* in *La Clé des champs,* Pauvert, 1967.
Chateaubriand, *Mémoires d'Outre-Tombe,* Bibl. de la Pléiade, Gallimard, 1951.
Joseph Conrad : *Jeunesse* suivi de *Cœur des Ténébres,* Gallimard, 1948.
Dostoïevski : *L'Idiot,* Fernand Hazan, 1947.
André Gide : *Journal,* Bibl. de la Pléiade, Gallimard, 1954.
André Gide : *Les Faux-Monnayeurs* in *Romans, récits, soties,* Bibl. de la Pléiade, Gallimard, 1958.
Correspondance Gide-Roger Martin du Gard, Gallimard, 1968.
Jacques Laurent : *Les Bêtises,* Grasset, 1971.
J.L. Loubet del Bayle : *Les Non-Conformistes des années trente,* Seuil, 1969.
Georges Lukács : *L'Ame et les Formes,* Gallimard, 1974.
Georges Lukács : *La Théorie du roman,* Denoël-Gonthier, 1963.
Henri Massis : *Défense de l'Occident,* Plon, 1927.
Maurice Merleau-Ponty : *Humanisme et Terreur,* Gallimard, 1947.
Paul Nizan : *Aden Arabie,* Maspero, 1960.
Pascal : *Pensées,* éd. Brunschvicg.

Jacques Rivière : *Nouvelles Études,* Gallimard, 1947.

Schopenhauer : *Le Monde comme volonté et comme représentation,*
    P.U.F., 1966.

R.L. Stevenson : *Essais sur l'art de la fiction,* la Table Ronde, 1988.

Heinrich Zimmer : *Maya,* Fayard, 1987.